ספר

אלף בית

ללמד האל״ף בי״ת והקריאה

לתשב״ר

בשטה קלה בדוק ומנוסה

על ידי המלמד המפורסם

ר׳ אפרים בירנהאק שליט״א

הוצאה חדשה
עם הרבה הוספות
שנת תשע״ב לפ״ק

Sefer Alef Bais

Reading Readiness

© Copyright 1976
by
Benjamin Knobloch

Tiferet Educational Publishing
1632 49th Street
Brooklyn, NY 11204
718-851-0764

8510764@gmail.com

ISBN# 9780-89094-3762

ב"ה

הנני נותן לפניכם את ספרי הבנוי בדרך שהורגלתי ללמד את תלמידיי זה שנים ובעזה"י הצליחו הרבה. ואקוה שכל המשתמש בו יצליח בעזהי"ת.

אפרים יצחק בירנהאק

בן בג בג אומר הפוך בה והפוך בה. ר"ל כדרך שמלמדים התינוק האלף בית שמורגל באותיות מאלף ועד תיו. אח"כ תוזרין עמו למפרע ולאחוריו להרגילו מתיו ועד אלף. ובזה מכי יותר האותיות היטב ואח"כ שהוא מורגל בהכרת האותיות למפרע חוזרים ללמד כסדר כדי שלא ישכח הסדר הראשון. באופן שע"י לימוד כזה הוא בקי בטיב האותיות ע"י הלימוד ישר והפוך וישר. כך ירגיל אדם עצמו בכל לימודו, ע"כ. (יסוד יוסף פי' כל פ"א מה"ר ר' יוסף ב"ר אליהו כ"ץ אבד"ק זסליץ נדפס בקראקא שצ"ח בהסכמת התוי"ט).

<u>לזכרון עולם בהיכל ה'</u>

לעילוי נשמת אבי מורי
הרה"ח ר' מרדכי בירנהאק ז"ל
בן הרה"ח ר' פנחס ז"ל

איש עניו וירא אלהים
דבוק היה ברבותיו לבית סטושטשין
ניצל כל רגע ורגע לשיעורי תורה תמידין כסדרן

נלב"ע בשיבה טובה בן צ"ה שנים
ביום הפורים - י"ד אדר
שנת תשס"א לפ"ק

ולעילוי נשמת אמי מורתי
מרת חיה ע"ה
בת הרה"ח ר' ברוך (דוב) בענדיט אייזנבערג ז"ל

מיוחדת היתה בשמירת לשונה מכל נדנוד של לשה"ר
ועסקה בשידוכי מצוה לשם שמים
הצטיינה בתפילתה - לא הפסידה תפלה א' מיום עמדה על דעתה

נלב"ע בערב חנוכה - כ"ד כסלו
שנת תשר"מ לפ"ק

זכו לראות יחד דורות ישרים ומבורכים
כולם זרע קודש ברך ה'

תהא נשמתם צרורה בצרור החיים

לע"נ מו"ח הרה"ח ר' יצחק ישכר מנחם מענדל זילבערבערג ז"ל
בן הגאון רבי אברהם בנימין זצ"ל - אבדק"ק פיטסבורג יע"א
הלך לעולמו כ"ו אייר תשנ"ה לפ"ק - תנצב"ה

לע"נ גיסי היקר לי מאד הרה"ח ר' קלונמוס קלמן ראטטענבערג ז"ל
בן הרה"ג רבי אברהם זאב זצ"ל
בן הגאון רבי מרדכי זצ"ל - אבדק"ק אנטווערפן יע"א
נלב"ע ביום שב"ק ח"י מנחם אב תשל"ו לפ"ק - תנצב"ה

לע"נ החסיד השלם הרב שניאור זלמן בעלקין ז"ל
בן הרה"ח ר' יוסף ז"ל הגאון מפאלטאווע זצ"ל
נלב"ע כ' תשרי תשנ"ד לפ"ק - תנצב"ה

לע"נ הרה"ח ר' חיים אליעזר דוב בער בעלקין ז"ל
בן הרה"ח ררב שניאור זלמן זצ"ל
נלב"ע כ"ה טבת תשנ"ב לפ"ק - תנצב"ה

לע"נ האשה החשובה חי' דבורה בת הרה"ג ר' יצחק איזיק זצ"ל אבד"ק פאלטאווע זצ"ל - נלב"ע י"ד אלול - תנצב"ה

תודה וברכה
לידידי המלמד המפורסם
מוהר"ר יצחק שפרונג שליט"א
עבור עזרתו החשובה שעמד לי בהרבה ענינים

לע"נ הרה"ח ר' מרדכי שפרונג ז"ל
בן הרה"ח ר' יהודה ז"ל
נלב"ע כ"ט אייר תשנ"ז לפ"ק - תנצב"ה

למזכרת נצח

מו"ה חיים ב"ר ברוך מענדיל ז"ל למשפחת וואלף
מו"ה שאול ב"ר חיים ז"ל למשפחת וואסרטייל

RABBI M. STERN
CHIEF RABBI OF CONG. K'HAL YESODE HATORAH
1514-49TH STREET
BROOKLYN, N. Y. 11219
HY 4-6916
851-5193

משה שטערן
אב"ד דעברעצין ונייהייזל יצ"ו
בעהמ"ח שו"ת באר משה ב"ח ד"ח
בלאאמו"ר הרא"ש, בעמ"ח ספרי גפי אש ומליצי אש וש"ס
ברוקלין יע"א

בעזה"י ת

הן הראה לי ידידי הרבני המופלא בתוי"ש חרד
לדבר ה' מו"ה אפרים בירנהאק נ"י מלמד תינוקות
מומחה לרבים כידוע וכמפורסם שהוא אומן גדול
ומופלא במשמרתו משמרת הקודש, קונטרסו
הגדול שהכין לצרכי תינוקות של בית רבן על טהרת
הקודש המקובל לנו מאבותינו דור אחר דור לבלתי סר
מן הדרך שהורו לנו רבותינו הק' זכי"ע ועכי"א. המוציא
לאור ידידי הנ"ל הסביר לי הדק היטב אומנותו וקיאותו הנפלא
שאיך בכל עמוד ועמוד חכמה מופלא טמון למלמדי תינוקות כדי
להשיג התכלית הנרצה אצל תלמידיהם ואין חכם כבר נסיון
שהרי הוא עסוק במלאכת ה' זו באמונה זה עשרים שנה כולם
שום לטובה וכחו ונפשו ויראתו הקודמת לחכמתו מסר במסירות
נפש בנפש תלמידיו המרובים וידענא שכולם ראו סימן יפה וברכה
בלימודם. צלח ורכב על דבר אמת ומאוה לו הצלחה בעזהי"ת
וע"ז בעה"ח ד' לס' שלח תשל"ו לפ"ק
פה ברוקלין יצ"ו

משה שטערן
אבד"ק דעברעצין יצ"ו

בעזהי"ת

הן הראה לי ידידי הרבני המופו"מ בתוי"ש חרד לדבר ה' מו"ה **אפרים בירנהאק** נ"י מלמד תינוקות מומחה לרבים כידוע וכמפורסם שהוא אומן גדול ומופלא במשמרתו משמרת הקודש, קונטרסו הגדול שהכין לצרכי תינוקות של בית רבן על טהרת הקודש, המקובל לנו מאבותינו דור אחר דור לבלתי סר מן הדרך שהורו לנו רבותינו הק' זכי"ע ועכי"א.

המוציא לאור ידידי הנ"ל הסביר לי הדק היטב אומנותו ובקיאותו הנפלא שאיך בכל עמוד ועמוד חכמה מופלא טמון למלמדי תינוקות כדי להשיג התכלית הנרצה אצל תלמידיהם ואין חכם כבר נסיון שהרי הוא עסוק במלאכת ה' זו באמונה זה עשרים שנה כולם שוים לטובה וכחו ונפשו ויראתו הקודמת לחכמתו מסר במסירת נפש בנפש תלמידיו המרובים, וידענא שכולם ראו סימן יפה וברכה בלימודם. צלח ורכב על דבר אמת ומאוה לו הצלחה בעהי"ת.

וע"ז בעה"ח ד' לס' שלח תשל"ו לפ"ק פה ברוקלין יצ"ו

משה שטערן
אבד"ק דעברעצין יצ"ו

בס"ד

כללי השימוש בספר

הצלחת הלימוד בספר הזה תהי' אי"ה בלימוד דף אחר דף

שלב א

מדף א' עד דף יא, צורת האותיות והקנאת ידיעתן.

(ישר והפוך ושלא כסדרן, גם האתיות העלולות להתחלף אצל הילד כגון **ב-כ נ-ג ט-מ ה-ח ו-ז**).

שלב ב

מדף י"ט עד דף ס', צורת והכרת הנקודות והקנאת ידיעתן.

בדף י"ט כ', להדגיש שהאותיות **ךָ ךְ ן**, סובלת קמץ, והיתר **ם ף ץ**, אינם סובלות שום נקודה, לכן מופיעות כל האותיות הסופיות, מקודם האותיות כסדרן, ואח"כ שלא כסדרן, וכן בפתח.

(כאן להדגיש שאין נקודת פתח נסבלת באותיות סופיות כנ"ל).......

בדף כ"ג, רוכש הילד קריאת שתי נקודות ָ ַ בזה אחר זה בדף אחד כסדרן להרגל וחזרה.

בדף כ"ה, הנקודות קמץ ופתח והאותיות הן שלא כסדרן.

(התועלת בכדי שהילד ידע הנקודות ידיעה ברורה מתוך שימת לב ומחשבה לכל נקודה ונקודה).

אותו הדבר נשנה ביתר הנקודות, ותמיד ניתוספת נקודה חדשה וחזרה על הקודמת.

שלב ג

בדף ס"ב, רואה הילד תנועת האותיות בנפרד **אָ צוּ** ובמחובר **אָצוּ**.

(מתוך הנסיון, ההברות האלו קלות ביותר).

בדף ס"ג, חזרה על הברות כנ"ל מסודר לפי האל"ף בי"ת.

בדף ס"ד - ס"ט, מילים מורכבים משתי הברות מסודר לפי האל"ף בי"ת.

בדף ע' - ע"ד, מילים מורכבים משלש הברות כנ"ל מסודר לפי האל"ף בי"ת.

בדף ע"ה - ע"ח, עם אות סיום (רגילה וסופית).

כדי להרגיל התלמיד יש שתי דפים עם פתח וכן אותיות הסיום דומים כמו **ך ם ת**.

בדף ע"ט, תנועת מלואפם **ו** באמצע המלה.

בדף פ', מילים בסגו"ל ומילים בחיריק.

בדף פ"א - פ"ג, תיבות המתחילות מאל"ף ועד תי"ו והתנועות שונות זו מזו להרגיל התלמיד בסיומי כל האותיות.

בדף פ"ד, שלש הברות, וכדי להקל על התלמיד כולן מסיימות **בץ'**.

בדף פ"ה, כנ"ל, ומתיימות **בךְ**.

בדף פ"ו - צ"א', חזרה על סיומים בתיבות המתחילות בכל האותיות מא' ועד ת'.

בדף צ"ב', מלים המסתיימות באותיות **א, ה, ע**, שאינן נשמעות.

בדף צ"ג, שווא נע בתחילת המלה.

בדף צ"ד, שווא נח.

בדף צ"ה, שני שוואין רצופין באמצע המלה, הראשון נח והשני נע.

בדף צ"ו, שווא נע באמצע המלה באותיות כפולות - כך גם אויות כפולות.

בדף צ"ז, שווא באות עם דגש שווא נע. בסוף העמוד שלש שורות שני שוואין רצופין בסוף המלה.

בדף צ"ח, י' הנשמעת במבטא בסיום המלה.

בדף צ"ט, לימוד ותירגול בתיבות עם קמץ המשתנה (לפי מבטא פולין אונגארין וגאליציע)בגלל היותו לפני סיום המלה הנשמעת.

בדף ק', תיבות עם ב' קמצין, הראשון רגיל והשני משתנה כנ"ל.

בדף ק"א, הקמץ משתנה לפי מבטא הנ"ל.

בדף ק"ב, קמץ משתנה בגלל היותו לפני יו"ד, ובמחצית השניה של הדף מלים המסתיימות ביו"ד (נח נראה).

בדף ק"ג, ילמד הילד לבטא וא"ו בסוף המלה וגם הקמץ משתנה כנ"ל. ובמחצית השניה להדגיש שהקמץ נשתנה בגלל היותו לפני מפיק ה'.

בדף ק"ד, הקמץ משתנה כנ"ל בגלל היותו לפני שווא.

בדף ק"ה, שווא נח באות השני' מהאותיות הכפילות.

בדף ק"ו, תירגול בחולם שי"ן וחולם שׂי"ן. (כי לפעמים משמשת הנקודה של שי"ן גם במקום חולם).

במחצית השניה אותיות שאינן נשמעות במבטא **א ה ח** בלי נקודות, או עם נקודת שווא.

בדף ק"ז, אותיות **א ע** שאינן נשמעות גם עם שווא.

בדף ק"ח, מילים המסתיימות עם ךְ ךָ.

בדף ק"ט, קמץ בכ"ף ונו"ן סופית (כדלעיל דף י"ג וי"ד) בחלקו יבואו מלים עם אות יו"ד בלי נקודה.

בדף ק"י, חטף (כל החטפים).

בדף קי"א, פתח חַ בסוף המלה.

בדף קי"ב, מלאופם בראש המלה.

בדף קי"ג, חזרה על שווא נח.

בדף קי"ד, חזרה על שווא נח.

בדף קט"ו, חזרה על שווא נע.

בדף קט"ז, חזרה על שווא נח.

בדף קי"ז, חזרה על שווא נח וגם על קמץ המשתנה.

בדף קי"ח, חזרה על שווא נח - נע.

בדף קי"ט, פתח בסוף המלה עם מפיק הּ יקרא אַה.

וכן פתח בסוף המלה עם ע יקרא עַ, שתי שורות עם אל"ף ולמ"ד מורכבים (שנמצא בסידורים ישנים).

שלש שורות האחרונות אותיות הדומות או מאותו המוצא, יש שדנים כמו שווא נע, כך גם אותיות הדומות.

בדף ק"כ, מילים עם אות ואו המתבטא, שתי שורות האחרונות תיבות עם מקף.

בדף קכ"א - קכ"ח, חזרה על מילים עם שווא.

א בּ ב

ג ד ה

ו ז ח

ט י

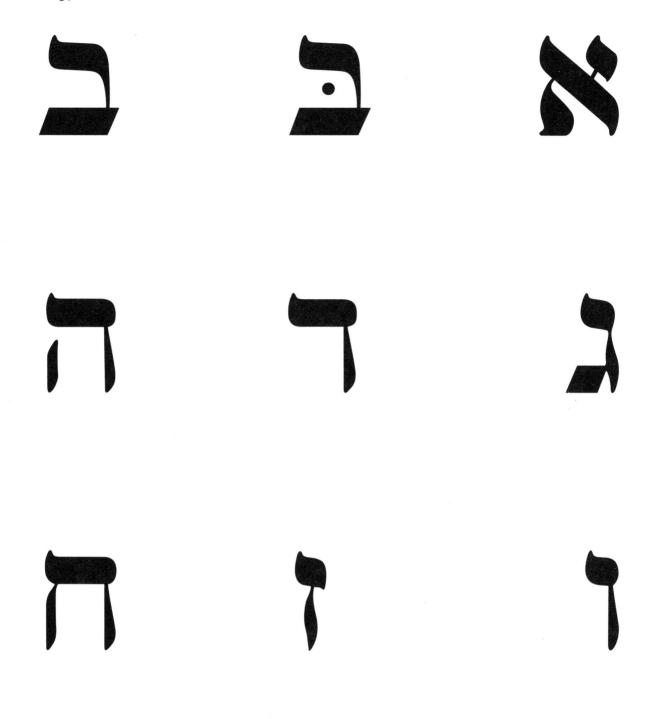

כּ ךּ כ

ך ל מ

ם נ ן

ס ע

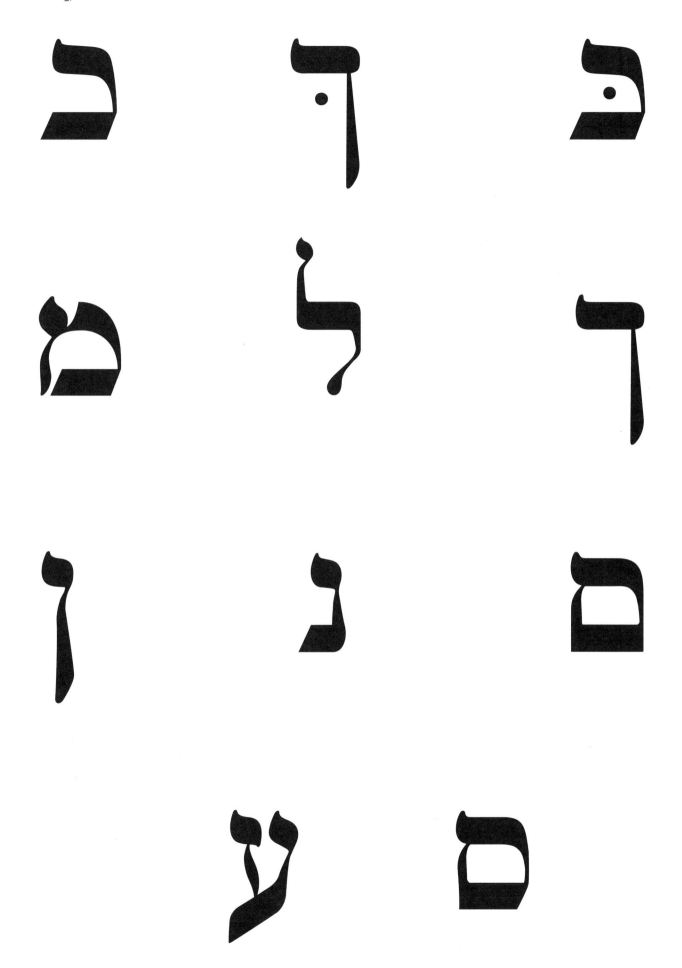

פּ פ ף

צ ץ ק

ר שׁ שׂ

תּ ת

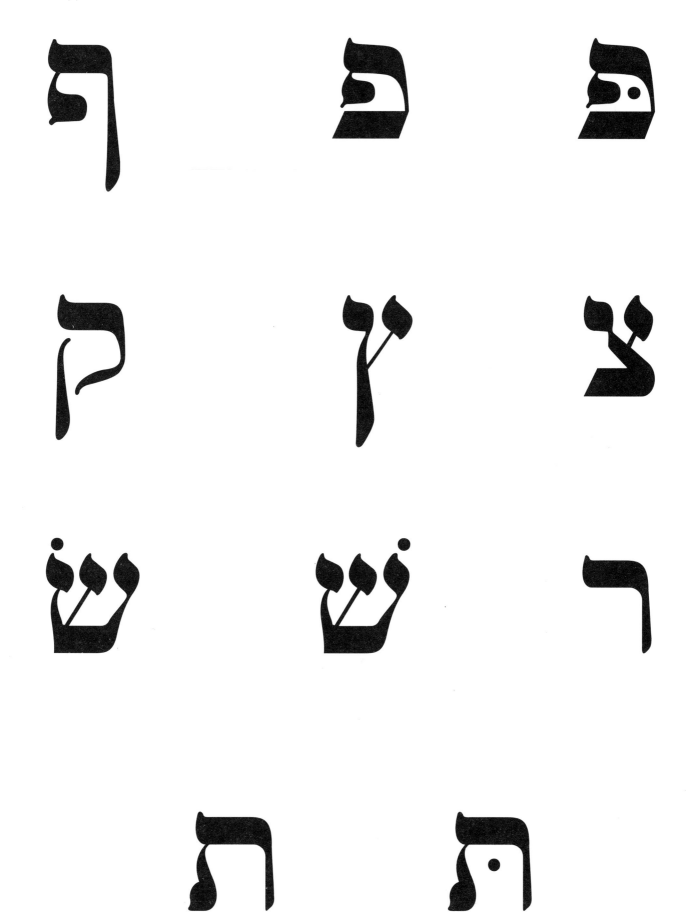

בּ ב ג ד

ה ו ז ח ט י

כּ ךּ כ ך ל

מ ם נ ן ס

ע פּ פ ף צ

ץ ק ר שׁ שׂ

תּ ת

תּ ת שׁ שׂ ר

ק ץ צ ף פּ

פ ע ס ן נ

ם מ ל ך כּ

כ י ט ח ז

ו ה ד ג בּ

ב א

שׂ פ י א ם

ב ט מ ק ח

ר ג בּ תּ נ

ךּ ו צ ד ן

כּ ץ ה ל ע

ך פּ ס ז ף

שׁ כ ת

ם ם ם ם ם

ן ן ן ן ן

ץ ץ ץ ץ ץ

ף ף ף ף ף

ך ך ך ך ך

ף ך ץ ן ךּ ם

ן ךּ ם ף ץ ך

בּ כּ ב כ

בּ ב בּ בּ ב בּ

כּ כ כ כּ כ כּ

ב כ בּ כּ כּ ב כ

כ בּ ב כּ כ ב בּ

ד ר

ד ר ד ר ר ד

ה ח

ה ח ה ח ח ה

ח ה ח ח ה ה

ג נ

ג נ ג נ נ ג

נ ג נ נ ג ג

ו ז

ו ז ו ז ז ו

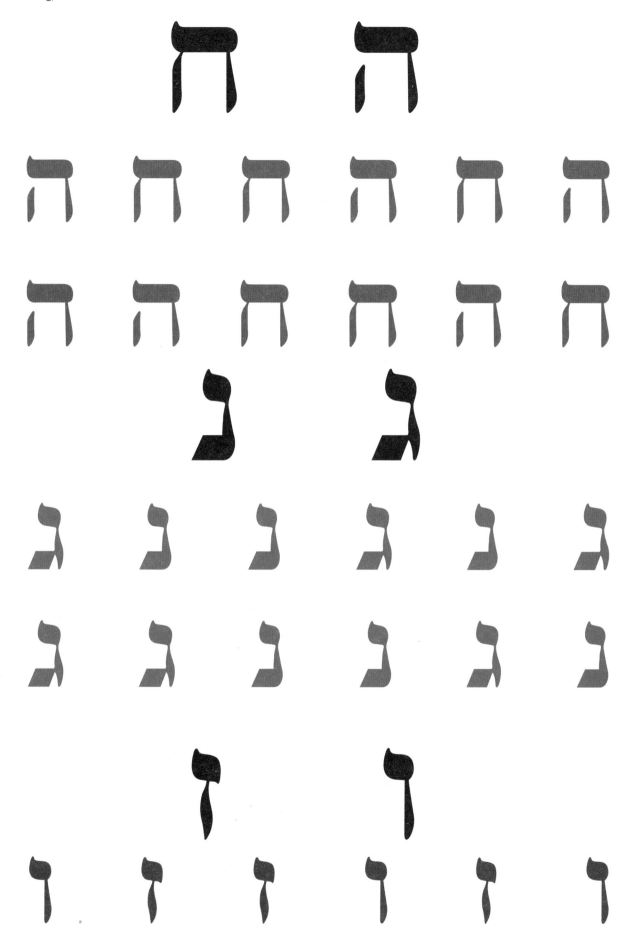

ט מ

ט מ ט מ מ ט

מ ט מ מ ט ט

ס ם

ם ם ס ם ם ס

ם ס ם ם ס ס

ע צ

ע צ ע צ צ ע

פּ כּ פ כ

פּ פ כ פּ פּ פ

פּ כּ פּ פ כ פ

שׁ שׂ

שׁ שׂ שׁ שׁ שׂ שׁ

שׂ שׁ שׂ שׂ שׁ שׂ

שׂ שׁ שׂ שׁ שׁ שׂ

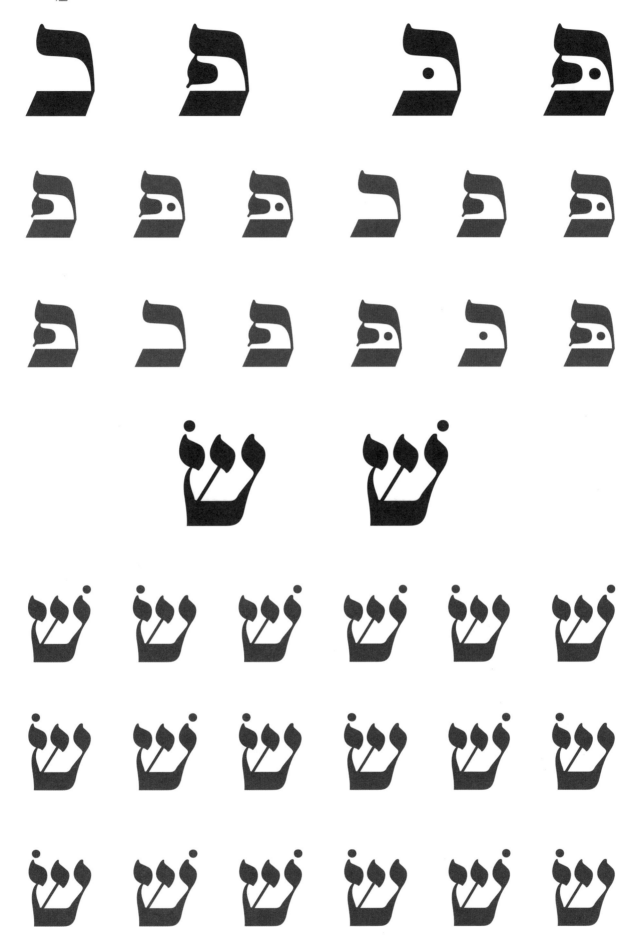

תּ ת ח

תּ ת תּ תּ ת תּ

ת ח ת ח ח ת

ו ז ן

ן ז ן ו ז ן

ו ז ן נ ג ז

ד ך ךּ ד ך ךּ

מ ל כּ ף שׂ

ד י בּ ץ ם

ת נ ט פּ ב

שׁ כ ז ע ה

ק א ר ו ך

תּ ח פ ם ג

ן צ ךּ

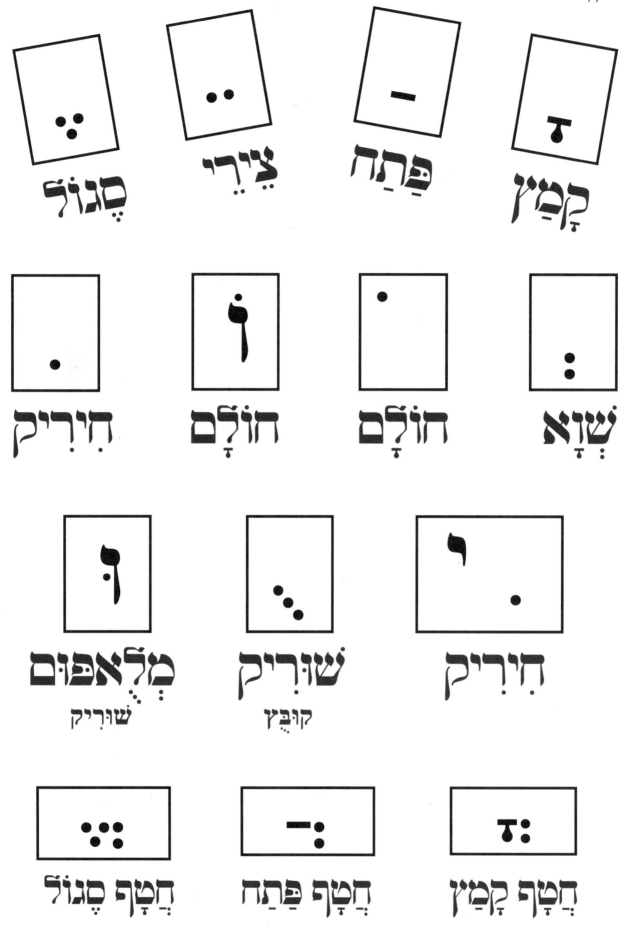

קָמַץ פַּתַח צֵירֵי סֶגּוֹל

שְׁוָא חוֹלָם חוֹלָם חִירִיק

חִירִיק שׁוּרִיק מְלָאפוּם

קוּבֻּץ שׁוּרִיק

חֲטָף קָמַץ חֲטָף פַּתַח חֲטָף סֶגּוֹל

אָ בָּ בָ גָ דָ הָ

וָ זָ חָ טָ יָ כָּ

ךָ כָ ךָ לָ מָ

ם נָ ןָ סָ עָ פָּ

פָ ףָ צָ ץָ קָ

רָ שָׁ שָׂ תָּ תָ

◌ָ ◌ַ ◌ֵ ◌ֶ ◌ְ ◌ִ וֹ ◌ֹ ◌ִ ◌ִי ◌ֻ וּ

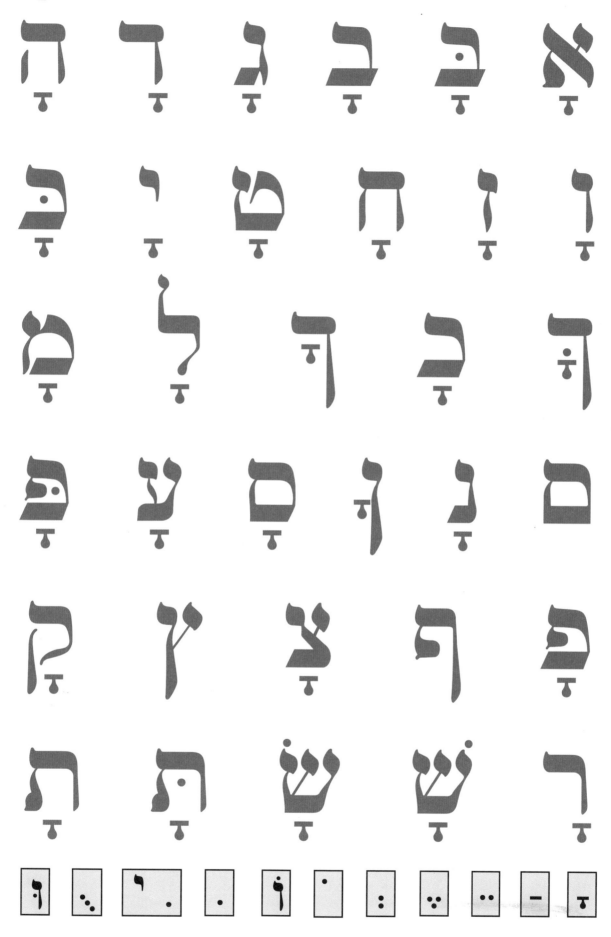

שָׁ פָ יָ אָ סָ בָ

טָ מָ קָ חָ רָ

גָ בָּ נָ תָּ ךָ וָ

צָ דָ ןָ כָּ ץָ הָ

עָ לָ ךָ פָּ ם

זָ ף שָׁ בָ תָ

ָ ַ ֵ ֶ ְ ֹ וֹ ִ ִי ֻ וּ

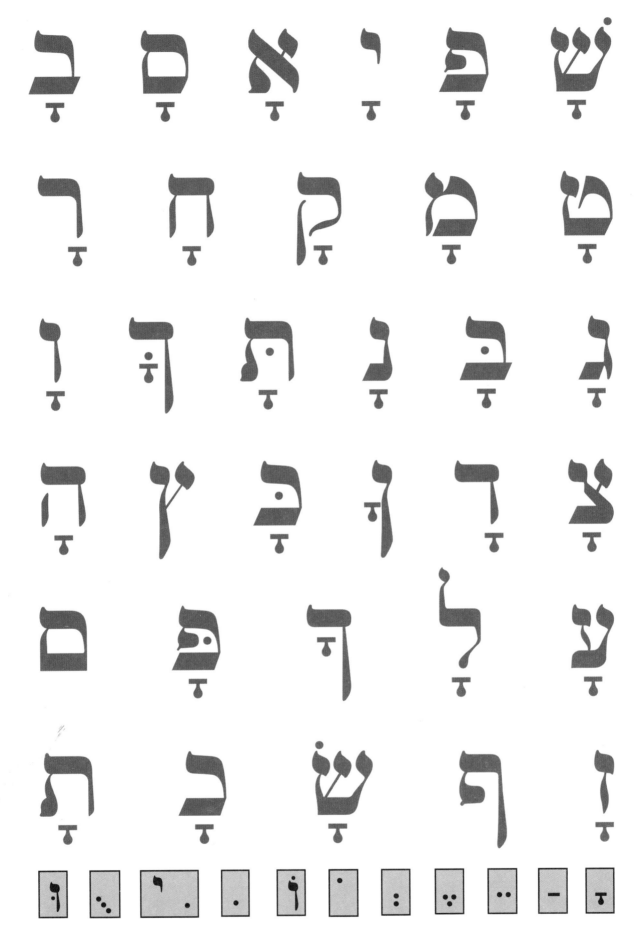

אַ בַּ בַ גַ דַ הַ

וַ זַ חַ טַ יַ כַּ

ךּ כַ ך לַ מַ

ם נַ ן סַ עַ פַּ

פַ ף צַ ץ קַ

רַ שַׁ שַׂ תַּ תַ

◌ָ ◌ַ ◌ֵ ◌ֶ ◌ְ ◌ֹ וּ ◌ִ ◌ִי ◌ֻ וֹ

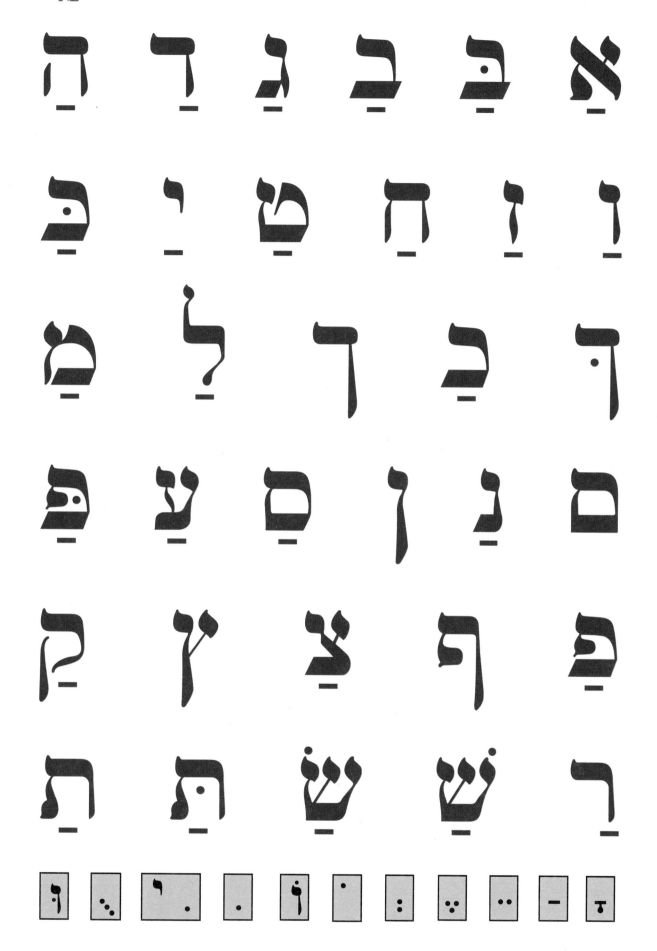

רַ טַ עַ שַׂ םַ

דַ נַ כַ זַ צַ

לַ בַ שַׁ חַ קַ

בַּ תַ פַּ אַ וַ

כַּ יַ מַ גַ תַּ

פַ הַ

◌ָ ◌ַ ◌ֵ ◌ֶ ◌ְ ◌ֹ וֹ ◌ִ ◌ִי ◌ֻ וּ

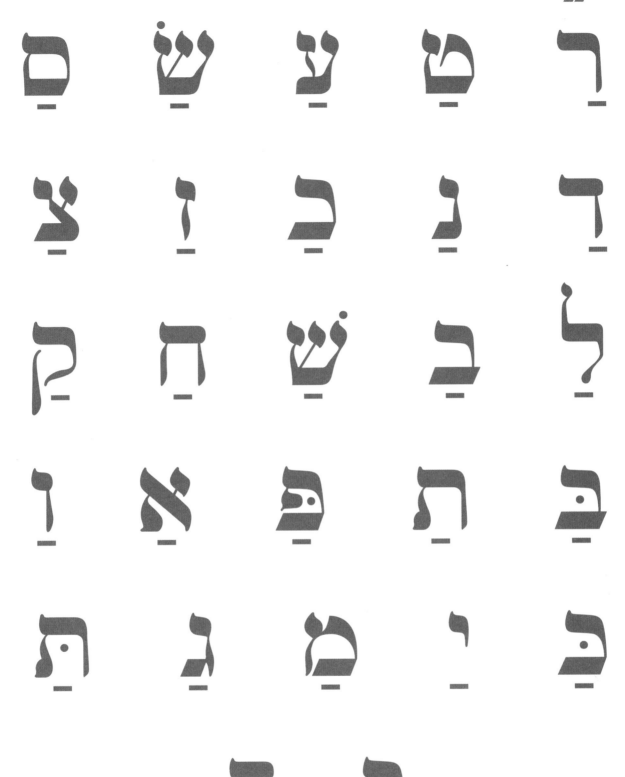

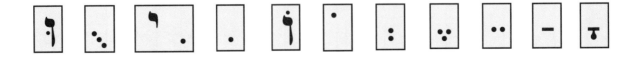

אָ אַ   בָּ בַּ   בָ בַ   גָ גַ   דָ דַ

הָ הַ   וָ וַ   זָ זַ   חָ חַ   טָ טַ

יָ יַ   כָּ כַּ   ךָּ ךּ   כָ כַ   ךָ ך

לָ לַ   מָ מַ   ם ם   נָ נַ   ןָ ן

סָ סַ   עָ עַ   פָּ פַּ   פָ פַ   ףָ ף

צָ צַ   ץ ץ   קָ קַ   רָ רַ   שָׁ שַׁ

שָׂ שַׂ   תָּ תַּ   תָ תַ

אָאַ בָּבַּ בָבַ גָגַ דָדַ

הָהַ וָוַ זָזַ חָחַ טָטַ

יָיַ כָּכַּ ךָּ ךּ כָכַ ךָ ך

לָלַ מָמַ ם ם נָנַ ןָ ן

סָסַ עָעַ פָּפַּ פָפַ ףָ ף

צַצָ ץ ץ קָקַ רָרַ שַׁשָׁ

שָׂשַׂ תָּתַּ תַתָ

סָ תַּ צָ עַ ןָ

רָ כַ זַ קָ שָׂ

גַ נָ פַ לָ וַ

יָ כָּ בַּ תַ ךָ

מַ פָּ דָ חַ שָׁ

ךָ טַ אַ הָ בַ

◌ָ ◌ַ ◌ֵ ◌ֶ ◌ְ ◌ֹ וֹ ◌ִ ◌ִי ◌ֻ וּ

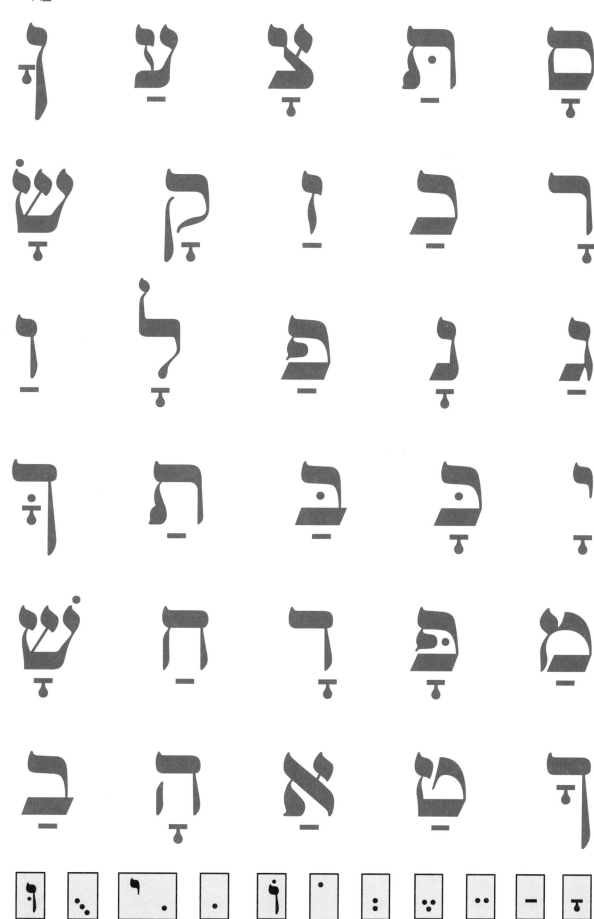

אֵ בֵּ בֵ גֵ דֵ הֵ

וֵ זֵ חֵ טֵ יֵ כֵּ

ךּ כֵ ך לֵ מֵ

ם נֵ ן סֵ עֵ פֵּ

פֵ ף צֵ ץ קֵ

רֵ שֵׁ שֵׂ תֵּ תֵ

◌ָ ◌ַ ◌ֵ ◌ֶ ◌ְ ◌ֹ וֹ ◌ִ ◌ִי ◌ֻ וּ

עֵ תֵ גֵ יֵ סֵ

צֵ טֵ שֵׁ הֵ קֵ

לֵ כֵּ אֵ פֵּ בֵ

נֵ תֵּ רֵ פֵ בֵּ

מֵ דֵ וֵ שֵׂ זֵ

כֵ חֵ

◌ָ	◌ֵ	◌ַ	◌ֶ	◌ְ	◌ֹ	וֹ	◌ִ	◌ִי	◌ֻ	וּ

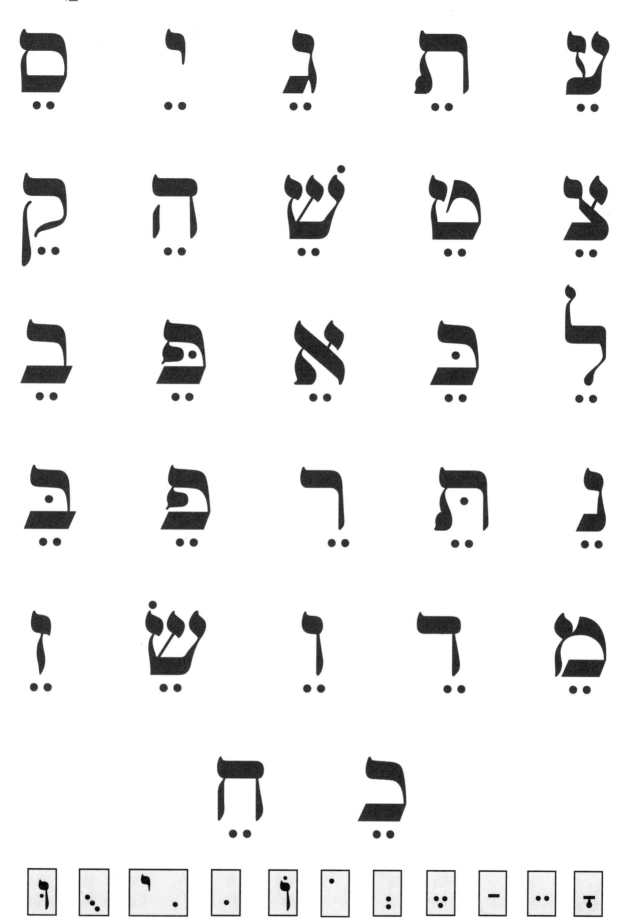

אָאַאֵ בָּבַּבֵּ בָבַבֵ גָגַגֵ

דָדַדֵ הָהַהֵ וָוַוֵ זָזַזֵ

חָחַחֵ טָטַטֵ יָיַיֵ כָּכַּכֵּ

כָכַכֵ ךָךךָּ לָלַלֵ מָמַמֵ

נָנַנֵ סָסַסֵ עָעַעֵ פָּפַּפֵּ

פָפַפֵ צָצַצֵ קָקַקֵ רָרַרֵ

שָׁשַׁשֵׁ שָׂשַׂשֵׂ תָּתַּתֵּ תָתַתֵ

אָאַאֵ בָּבַּבֵּ בָבַבֵ גָגַגֵ

דָדַדֵ הָהַהֵ וָוַוֵ זָזַזֵ

חָחַחֵ טָטַטֵ יָיַיֵ כָּכַּכֵּ

כָכַכֵ ךָךךָּ לָלֵלַ מָמַמֵ

נַנָנֵ סָסַסֵ עָעַעֵ פֵּפַּפָּ

פָפַפֵ צָצֵצַ קֵקָקַ רָרֵרַ

שָׁשַׁשֵׁ שָׁשֵׁשַׁ תָּתַּתֵּ תַתָתֵ

בֵ סַ צָ קַ גָ

הֵ תַ עַ ןָ בֵּ

שַׁ לָ רֵ נַ פָּ

ךָּ אֵ תַּ יֵ שָׂ

פֵ מַ כַּ חָ דֵ

וַ ךָ זֵ כַ

ָ ַ ֵ ֶ ְ ֹ וֹ ִ ִי ֻ וּ

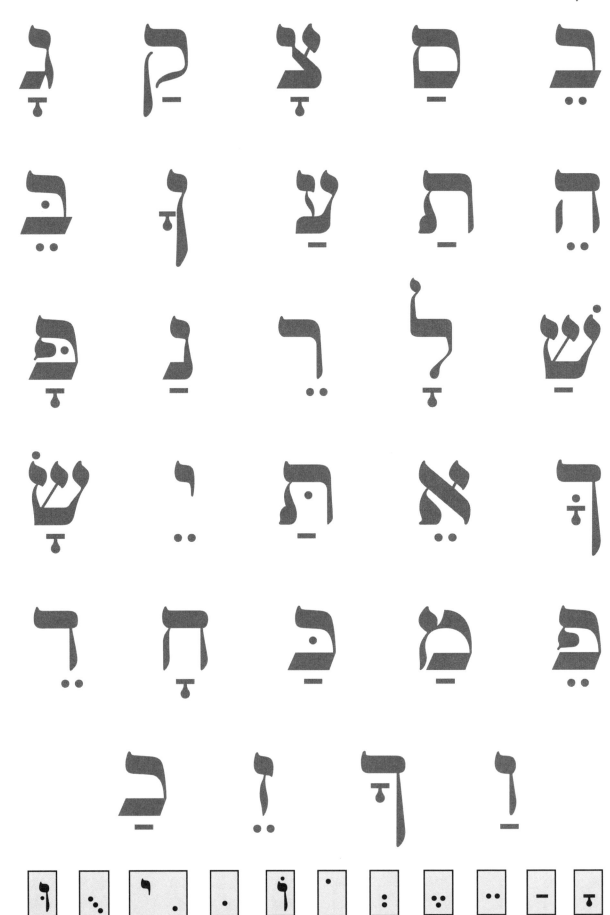

אָ בְּ גֶּ דָ הֶ

וֶ זַ טַ חָ יִ כֶּ

דִ כְ דּ לִ מֶ

מ נ ס עֲ פֶ

פּ ף צֶ ץ קִ

ר שַׁ שֶׁ תּ תֶ

פֻ ׃ יּ ׀ וֹ ׃ ־ ׃ ׃ ־ ׃ ׃ דָ

נֶ תֶ בֶּ גֶ רֶ חֶ

קֶ מֶ טֶ תֶּ כֶ

שֶׁ זֶ פֶּ ף ך

לֶ עֶ בֶ סֶ אֶ

הֶ כֶּ יֶ שֶׂ ן

דֶ צֶ וֶ ךּ פֶ

ָ	ַ	ֵ	ֶ	ְ	ִ	ֹ	וֹ	ִ	ִי	ֻ	וּ

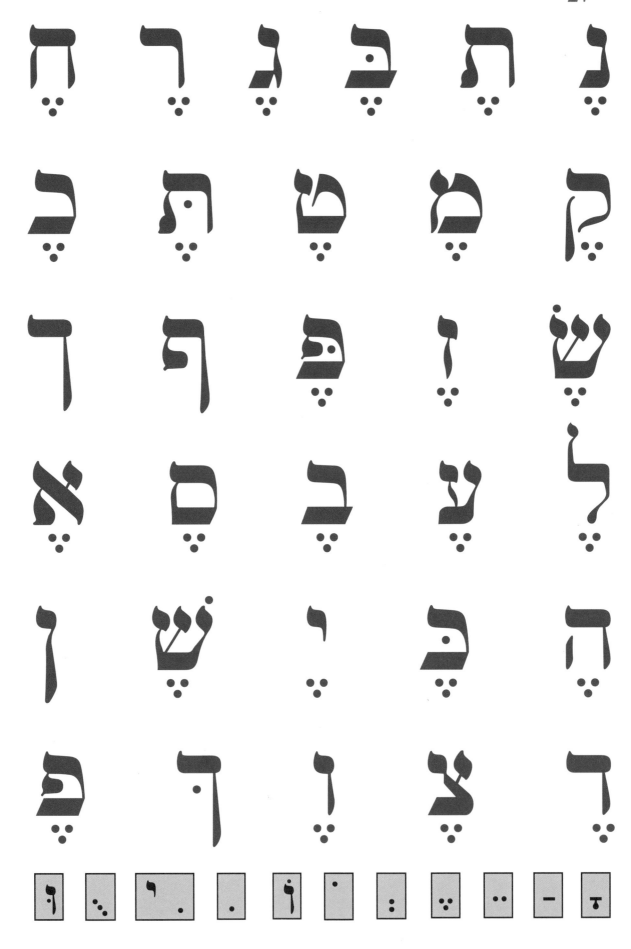

אָ אַ אֵ אֶ   בָּ בַּ בֵּ בֶּ   בָ בַ בֵ בֶ

גָ גַ גֵ גֶ   דָ דַ דֵ דֶ   הָ הַ הֵ הֶ

וָ וַ וֵ וֶ   זָ זַ זֵ זֶ   חָ חַ חֵ חֶ

טָ טַ טֵ טֶ   יָ יַ יֵ יֶ   כָּ כַּ כֵּ כֶּ

כָ כַ כֵ כֶ   לָ לַ לֵ לֶ   מָ מַ מֵ מֶ

נָ נַ נֵ נֶ   סָ סַ סֵ סֶ   עָ עַ עֵ עֶ

פָּ פַּ פֵּ פֶּ   פֵ פַ פָ פֶ   צֶ צַ צֵ צָ

קַ קָ קֵ קֶ   רָ רֵ רַ רֶ   שַׁ שָׁ שֶׁ שֵׁ

שָׂ שַׂ שֵׂ שֶׂ   תֶּ תַּ תֵּ תָּ   תָ תַ תֶ תֵ

גֶ ןָ חַ עַ פָּ

סֵ דַ מֶ לֵ אֶ

תַ כֵ שָׁ הֵ צֶ

בָ וֶ ךָ בַּ רַ

שֵׁ כָּ פֶּ ךָ תֵּ

טַ נֶ קַ יֵ זֶ

◌ַ ◌ֵ ◌ָ ◌ֶ ◌ְ ◌ֹ וֹ ◌ִ ◌ִי ◌ֻ וּ

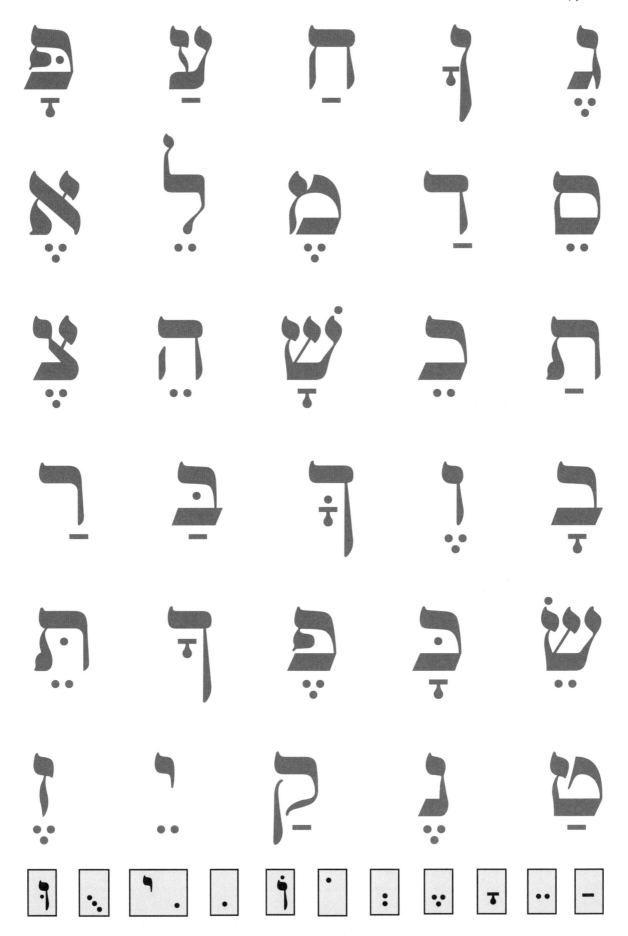

א בּ ב ג ד ה

ו ז ח ט י כּ

ךּ כ ך ל מ

ם נ ן ס ע פּ

פ ף צ ץ ק

ר שׁ שׂ תּ ת

◌ָ ◌ַ ◌ֵ ◌ֶ ◌ְ ◌ֹ וֹ ◌ִ ◌ִי ◌ֻ וּ

אוֹ בּוֹ בוֹ גוֹ דוֹ הוֹ

ווֹ זוֹ חוֹ טוֹ יוֹ כּוֹ

ךּ כוֹ ך לוֹ מוֹ

ם נוֹ ן סוֹ עוֹ פּוֹ

פוֹ ף צוֹ ץ קוֹ

רוֹ שׁוֹ שׂוֹ תּוֹ תוֹ

◌ָ ◌ַ ◌ֵ ◌ֶ ◌ְ ◌ֹ וֹ ◌ִ ◌ִי ◌ֻ וּ

שֹׁ לוֹ טֹ סוֹ בֹּ

תֹּ מֹ דֹ צוֹ עֹ

אֹ קוֹ תֹ זוֹ בֹ

פּוֹ שׂוֹ הוֹ פֹ גֹ

רֹ חֹ כּוֹ וֹ נֹ

כוֹ

ָ	ַ	ֵ	ֶ	ְ	ֹ	וֹ	ִ	ִי	ֻ	וּ

אָ אַ אֵ אֶ אֹ אוֹ   בָּ בַּ בֵּ בֶּ בֹּ בּוֹ

בָ בַ בֵ בֶ בֹ בוֹ   גָ גַ גֵ גֶ גֹ גוֹ

דָ דַ דֵ דֶ דֹ דוֹ   הָ הַ הֵ הֶ הֹ הוֹ

וָ וַ וֵ וֶ וֹ ווֹ   זָ זַ זֵ זֶ זֹ זוֹ

חָ חַ חֵ חֶ חֹ חוֹ   טָ טַ טֵ טֶ טֹ טוֹ

יָ יַ יֵ יֶ יֹ יוֹ   כָּ כַּ כֵּ כֶּ כֹּ כּוֹ

כָ כַ כֵ כֶ כֹ כוֹ   לָ לַ לֵ לֶ לֹ לוֹ

מָ מַ מֵ מֶ מֹ מוֹ נָ נַ נֶ נֵ נֹ נוֹ

סֵ סַ סָ סֶ סוֹ סֹ עֶ עַ עֵ עָ עֹ עוֹ

פּוֹ פַּ פֵּ פָּ פֶּ פֹּ פָ פֶ פֹ פַ פֵ פוֹ

צֵ צֶ צֹ צָ צַ צוֹ קֶ קֹ קָ קַ קֵ קוֹ

רָ רֹ רַ רוֹ רֶ רֵ שֶׁ שַׁ שֵׁ שָׁ שׁוֹ שֹׁ

שֵׂ שֶׂ שֹׂ שָׂ שַׂ שׂוֹ תָּ תַּ תֵּ תֶּ תֹּ תּוֹ

תֹ תֵ תַ תֶ תָ תוֹ

עוֹ צַ חָ תֹּ אֶ

סוֹ ןָ וֹ ךָ פַּ

גֶ שֹׁ טֹ כֵּ לֶ

בָּ רָ נוֹ פֵּ קַ

בֹ שׂוֹ וָ תֶ דֵ

מֹ ךָ הַ כוֹ

◌ָ	◌ְ	◌ֵ	◌ֶ	◌ַ	◌ִ	◌ִי	◌ֹ	וֹ	◌ֻ	וּ

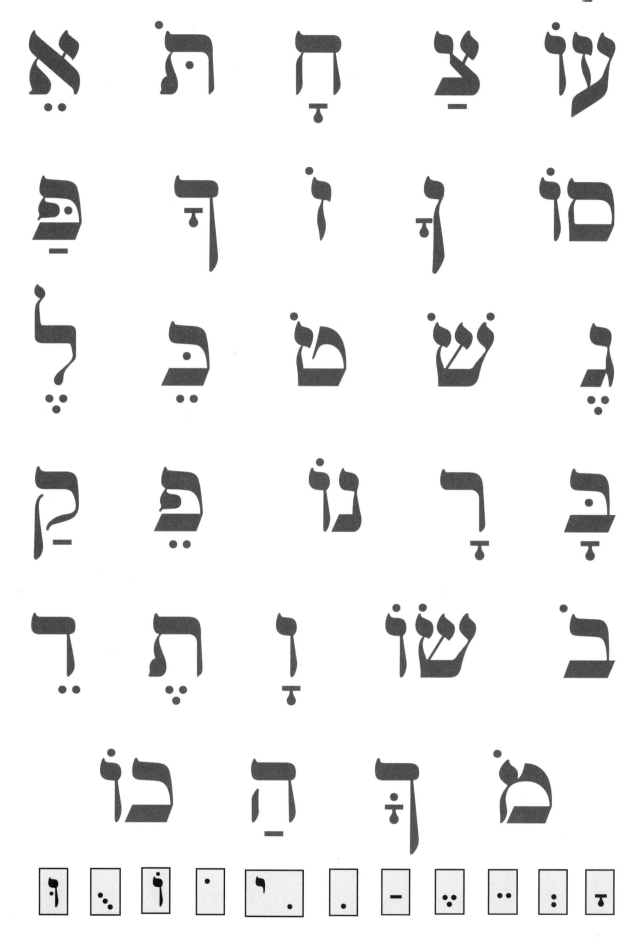

א בּ ב גּ דּ הּ

וּ זּ חּ טּ יּ כּ

ךּ כ ך לּ מּ

ם נּ ן סּ עּ פּ

פ ף צּ ץ ק

ר שׁ שׂ תּ ת

ָ ַ ֵ ֶ ְ ִ וֹ ִ ִי ֻ וּ

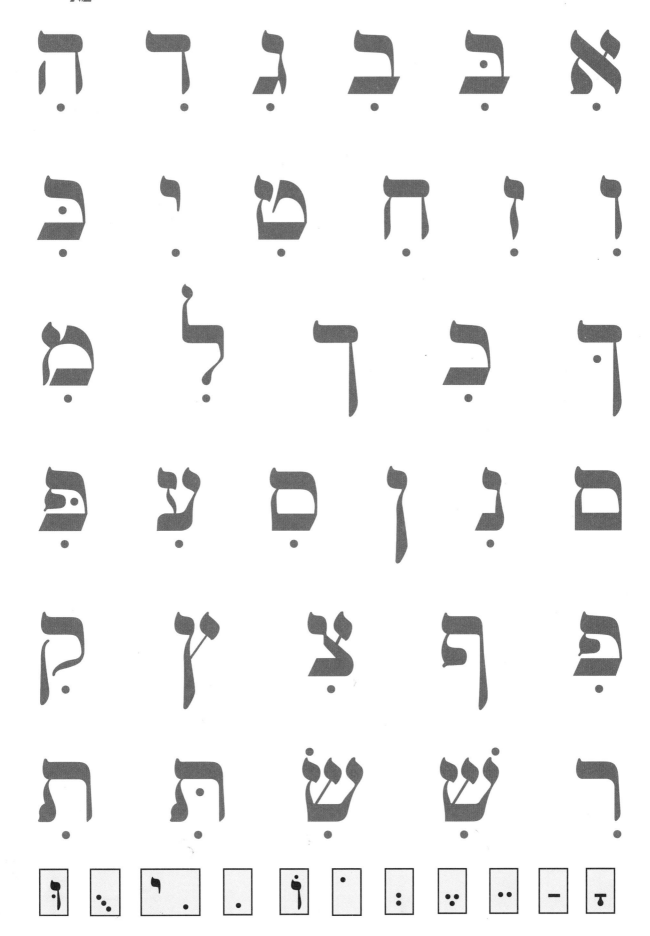

אִי בִּי בִי גִי דִי הִי

וִי זִי חִי טִי יִי כִּי

ךּ כִי ךְ לִי מִי

ם נִי ן סִי עִי פִּי

פִי ף צִי ץ קִי

רִי שִׁי שִׂי תִּי תִי

◌ָ ◌ַ ◌ֵ ◌ֶ ◌ְ ◌ֹ וֹ ◌ִ ◌ִי ◌ֻ וּ

מִ לִי כִּ שִׁי דִי

בִּי סִי תִ נִ טִי

פִּי בִ שִׂי כִי זִ

עִ הִי קִ אִ רִ

וִי תִּי חִ פִּ גִי

צִי

◌ָ	◌ַ	◌ֵ	◌ֶ	◌ְ	◌ֹ	וֹ	◌ִ	◌ִי	◌ֻ	וּ

אָ אַ אֵ אֶ אֹ אוֹ אִ אִי

בָּ בַּ בֵּ בֶּ בֹּ בּוֹ בִּ בִּי

בָ בַ בֵ בֶ בֹ בוֹ בִ בִי

גָ גַ גֵ גֶ גֹ גוֹ גִ גִי

דָ דַ דֵ דֶ דֹ דוֹ דִ דִי

הָ הַ הֵ הֶ הֹ הוֹ הִ הִי

וָ וַ וֵ וֶ וֹ ווֹ וִ וִי

זָ זַ זֵ זֶ זֹ זוֹ זִ זִי

חָ חַ חֵ חֶ חֹ חוֹ חִ חִי

טָ טַ טֵ טֶ טֹ טוֹ טִ טִי

יָ יַ יֵ יֶ יֹ יוֹ יִ יִי

כָּ כַּ כֵּ כֶּ כֹּ כּוֹ כִּ כִּי

כָ כַ כֵ כֶ כֹ כוֹ כִ כִי

לָ לַ לֵ לֶ לֹ לוֹ לִ לִי

מָ מַ מֵ מֶ מֹ מוֹ מִ מִי

נָ נַ נֵ נֶ נֹ נוֹ נִ נִי

סָ סַ סֵ סֶ סֹ סוֹ סִ סִי

עָ עַ עֵ עֶ עֹ עוֹ עִ עִי

פֶּ פַּ פִּ פָּ פֹּ פּוֹ פֵּ פִּי

פִּי פֹּ פֵּ פֶּ פּוֹ פַּ פִּ פָּ

צָ צִי צֵ צֶ צַ צוֹ צֹ צִ

קֶ קַ קֵ קָ קִ קוֹ קֹ קִי

רֵ רָ רוֹ רִ רִי רֶ רֹ רַ

שׁוֹ שָׁ שֵׁ שֶׁ שׁ שִׁי שַׁ שִׁ

שֵׂ שַׂ שֶׂ שִׂי שָׂ שׂוֹ שִׂ שׂ

תִ תַ תָ תֶ תֵ תֹ תִי תוֹ

תָ תַ תֵ תֶ תֹ תוֹ תִ תִי

יִ צֵ הִ ךָ שַׁ

גִ מֵ אַ תֹ וַ

ךֶ בִּ בֹּ שִׁ פַּ

ךָ עֹ בֶ ןָ בֵ

טֹ דַ נִ סָ חֵ

קִ זֻ תִּ לֵ פִּ

ֶ ֵ ְ ָ ַ ֹ וֹ ִ ִי ֻ וּ

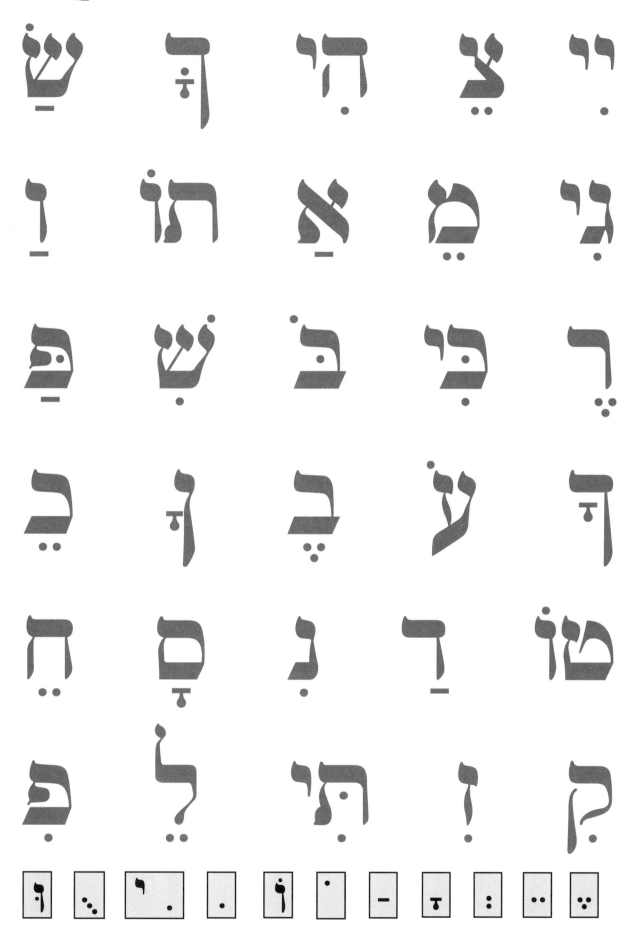

א בּ ב ג ד ה

ו ז ח ט י כּ

ךּ כ ך ל מ

ם נ ן ס ע פּ

פ ף צ ץ ק

ר שׁ שׂ תּ ת

◌ָ ◌ַ ◌ֵ ◌ֶ ◌ְ ◌ֹ וֹ ◌ִ ◌ִי ◌ֻ וּ

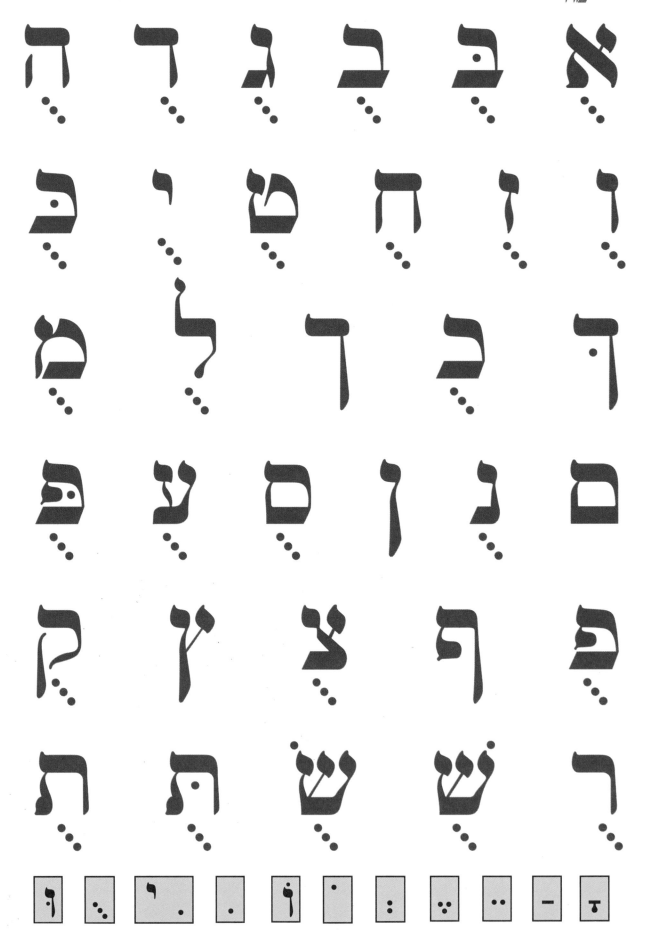

רֶ פֶ נֶ כֶ זֶ בֶ

אֶ הֶ יֶ מֶ עֶ ץֶ

תֶ דֶ טֶ לֶ םֶ

ןֶ צֶ שֶׂ תֶּ קֶ

פֶּ ס כֶּ וֶ בֶּ גֶ

חֶ ךּ שֶׁ ף ך

ָ	ַ	ֵ	ֶ	ְ	ֹ	וֹ	ִ	יִ	ֻ	וּ

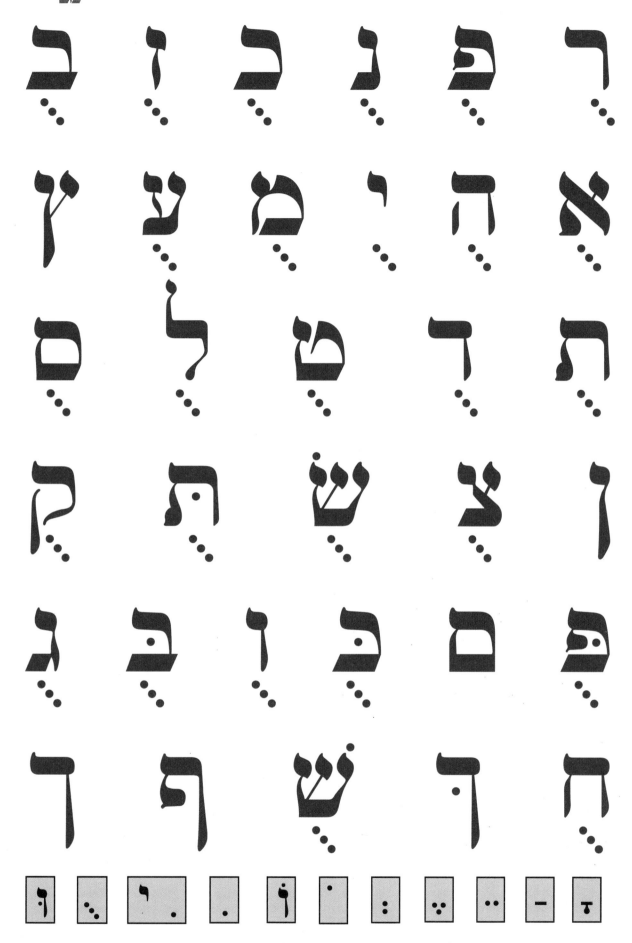

אָ אַ אֵ אֶ אֹ אוֹ אִ אִי אֻ

בָּ בַּ בֵּ בֶּ בֹּ בּוֹ בִּ בִּי בֻּ

בָ בַ בֵ בֶ בֹ בוֹ בִ בִי בֻ

גָ גַ גֵ גֶ גֹ גוֹ גִ גִי גֻ

דָ דַ דֵ דֶ דֹ דוֹ דִ דִי דֻ

הָ הַ הֵ הֶ הֹ הוֹ הִ הִי הֻ

וָ וַ וֵ וֶ וֹ ווֹ וִ וִי וֻ

זָ זַ זֵ זֶ זֹ זוֹ זִ זִי זֻ

חָ חַ חֵ חֶ חֹ חוֹ חִ חִי חֻ

טָ טַ טֵ טֶ טֹ טוֹ טִ טִי טֻ

וָ וַ וֵ וֶ וֹ ווֹ וִ וִי וֻ

כָּ כַּ כֵּ כֶּ כֹּ כּוֹ כִּ כִּי כֻּ

כָ כַ כֵ כֶ כֹ כוֹ כִ כִי כֻ

לָ לַ לֵ לֶ לֹ לוֹ לִ לִי לֻ

מָ מַ מֵ מֶ מֹ מוֹ מִ מִי מֻ

נָ נַ נֵ נֶ נֹ נוֹ נִ נִי נֻ

סָ סַ סֵ סֶ סֹ סוֹ סִ סִי סֻ

עָ עַ עֵ עֶ עֹ עוֹ עִ עִי עֻ

פַּ פָּ פֵּ פִּי פֻּ פּוֹ פִּ פֶּ פֹּ

פָ פֹ פִי פֶ פִ פַ פֵ פוֹ פֻ

צִי צֻ צָ צֶ צֹ צַ צֵ צוֹ צִ

קֶ קַ קֻ קָ קוֹ קִ קֹ קִי קֵ

רִי רֻ רֶ רִ רוֹ רָ רַ רֵ רֹ

שָׁ שִׁי שֵׁ שֶׁ שֻׁ שׁוֹ שִׁ שַׁ שֹׁ

שֶׂ שַׂ שֵׂ שׂ שֻׂ שׂוֹ שִׂ שִׂי שָׂ

תּוֹ תָּ תֻּ תִּי תֵּ תֶּ תֹּ תִּ תַּ

תֵ תִי תֶ תֹ תָ תַ תִ תוֹ תֻ

צֻ יֶ פַּ בֵּ שָׁ

מֻ ךָ תִ הֶ כֹ

סֵ נוֹ אֶ פִּי דֵ

חֻ קוֹ בִ לַ תֵּ

עֻ גוֹ שַׁ רִי זָ

טֹ וֻ כֶּ ךָ זֻ

וּ	ֻ	ִי	ִ	וֹ	ֹ	ְ	ֶ	ֵ	ַ	ָ

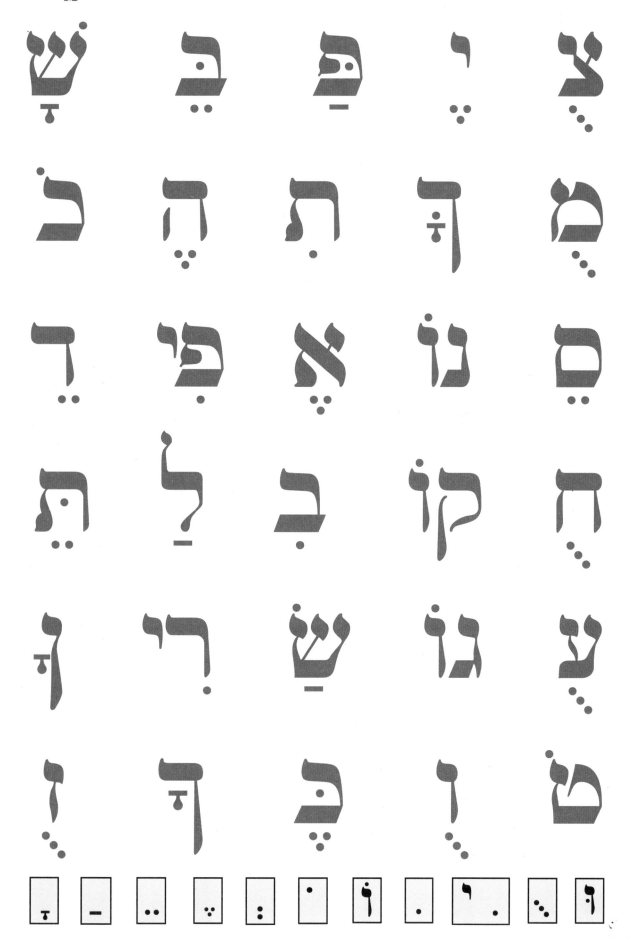

אוּ בוּ גוּ דוּ הוּ

וּוּ זוּ חוּ טוּ יוּ כוּ

ךּ כוּ ךְ לוּ מוּ

ם נוּ ן סוּ עוּ פוּ

פוּ ף צוּ ץ קוּ

רוּ שׁוּ שׂוּ תוּ תוּ

◌ָ ◌ַ ◌ֵ ◌ֶ ◌ְ ◌ֹ וֹ ◌ִ ◌ִי ◌ֻ וּ

תּוּ לוּ טוֹ עוֹ ן

בּוּ חוּ צוֹ הוֹ ך

כּוֹ גוּ סוֹ בּוּ תּוֹ

דוֹ קוּ יוֹ כּוּ שׁוֹ

אוּ רוֹ פּוֹ נוּ וּ

פּוּ שׁוֹ מוֹ זוֹ

| וֹ | ֟ | ֡ | ֖ | וֹ | ֹ | ֒ | ֺ | ֹֹ | ־ | ָ |

אָ אַ אֵ אֶ אֹ אוֹ אִ אִי אֻ אוּ

בָּ בַּ בֵּ בֶּ בֹּ בּוֹ בִּ בִּי בֻּ בּוּ

בָ בַ בֵ בֶ בֹ בוֹ בִ בִי בֻ בוּ

גָ גַ גֵ גֶ גֹ גוֹ גִ גִי גֻ גוּ

דָ דַ דֵ דֶ דֹ דוֹ דִ דִי דֻ דוּ

הָ הַ הֵ הֶ הֹ הוֹ הִ הִי הֻ הוּ

וָ וַ וֵ וֶ וֹ ווֹ וִ וִי וֻ ווּ

זָ זַ זֵ זֶ זֹ זוֹ זִ זִי זֻ זוּ

חָ חַ חֵ חֶ חֹ חוֹ חִ חִי חֻ חוּ

טָ טַ טֵ טֶ טֹ טוֹ טִ טִי טֻ טוּ

וָ וַ וֵ וֶ וֹ ווֹ וִ וִי וֻ ווּ

כָּ כַּ כֵּ כֶּ כֹּ כּוֹ כִּ כִּי כֻּ כּוּ

כָ כַ כֵ כֶ כֹ כוֹ כִ כִי כֻ כוּ

לָ לַ לֵ לֶ לֹ לוֹ לִ לִי לֻ לוּ

מָ מַ מֵ מֶ מֹ מוֹ מִ מִי מֻ מוּ

נָ נַ נֵ נֶ נֹ נוֹ נִ נִי נֻ נוּ

סָ סַ סֵ סֶ סֹ סוֹ סִ סִי סֻ סוּ

עָ עַ עֵ עֶ עֹ עוֹ עִ עִי עֻ עוּ

פִּ פָּ פֶּ פּוּ פֵּ פֻּ פּוֹ פַּ פִּי פֹּ

פָ פוֹ פִ פַ פֵ פֶ פֹ פִי פֻ פוּ

צִ צַ צוּ צֹ צִי צֵ צֶ צָ צֻ צוֹ

קָ קֻ קֵ קֶ קוּ קִ קֹ קִי קַ קוֹ

רִ רַ רֻ רֹ רֶ רוֹ רֵ רִי רָ רוּ

שֶׁ שֹׁ שִׁ שׁוּ שֻׁ שַׁ שֵׁ שִׁי שָׁ שׁוֹ

שׂוֹ שִׂ שָׂ שֻׂ שׂ שִׂי שַׂ שׂוּ שֵׂ שֶׂ

תֻּ תַּ תֵּ תֶּ תֹּ תִּ תּוֹ תִּי תָּ תּוּ

תוּ תָ תֻ תַ תִי תוֹ תִ תֵ תֶ תֹ

עוּ צַ חֵ תֶ סִ

אִי ןָ זִי ךָ גוֹ

פַּ טֶ שׂוּ לֶ כוּ

בוּ נֹ רוּ קֻ פִּי

בֵ שַׁ וֵ תֻ חוֹ

מוּ ךָ הֹ כֵ יוֹ

ֵ ָ ֶ ַ ְ ֹ וֹ ִ ִי ֻ וּ

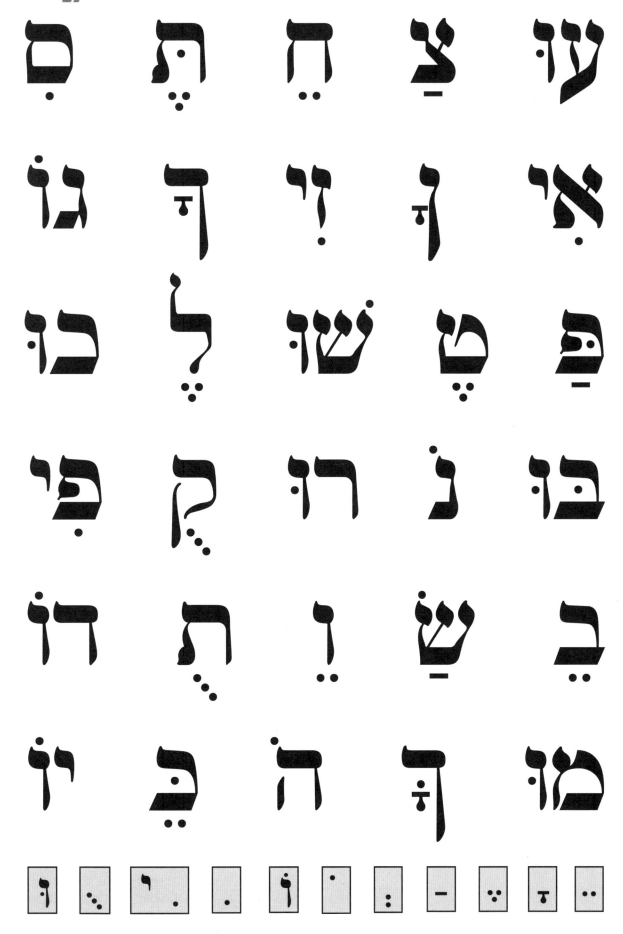

א	בּ	ב	ג	ד	ה
ו	ז	ח	ט	י	כּ
ךּ	כ	ךְ		ל	מ
ם	נ	ן	ס	ע	פּ
פ	ף	צ	ץ		ק
ר	שׁ	שׂ		תּ	ת

ָ	ַ	ֵ	ֶ	ְ	ֹ	וּ	ִ	ִי	ֻ	ז:

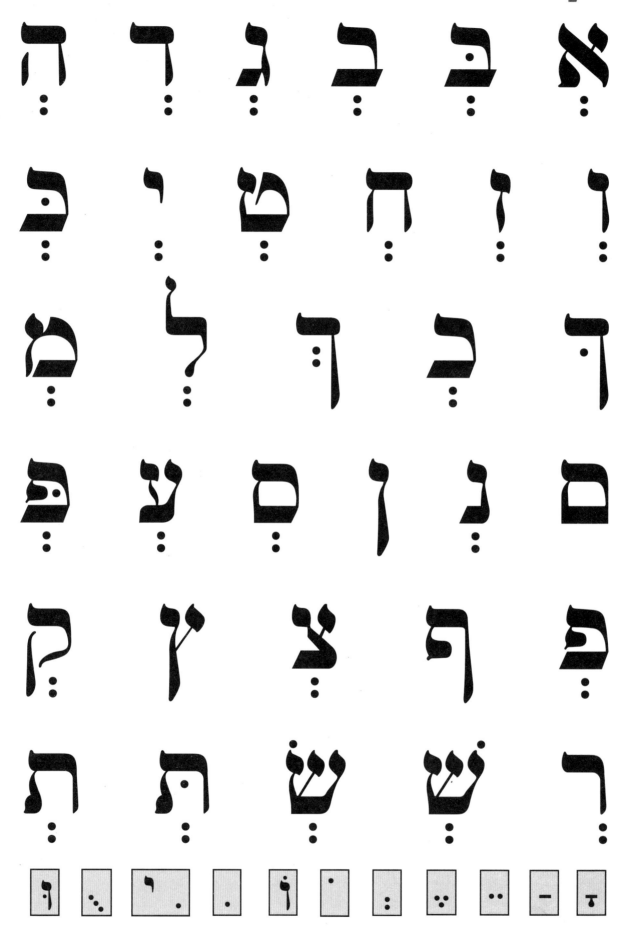

אָאַ בְּבֹּ בֶבֻ גָגַ דִדוֹ הֻהֶ

וְוֹ זָזִי חֹחִי טְטִי יֵיַ כֵּכַּ

כְכִי לִלוֹ מַמִי נֹנִי סְסֻ עֶעַ

פְּפּוּ פֵפֻ צָצִי קֹקַ רִרוֹ שָׁשִׁ

שְׂשָׂ תַתִי תֻתֹ אֶאוֹ בַּבִי בְבוּ

גֹגִי דֻדוֹ הֻהוּ וָוִי זִזוֹ חֵחוּ

טֹטִי יִי כֶּכּוֹ כְכוּ לְלִי מְמוֹ

נַנוּ סֻסוֹ עָעִי פַּפּוֹ פְפִי צֹצוּ

קֶקוֹ רֻרִי שֵׁשִׁי שִׁשׁוּ תֵּתּוֹ תְתוּ

אָ צוֹ אָצוֹ   בָּ נוֹ בָּנוֹ

גָ עוֹ גָעוֹ   דָ נוֹ דָנוֹ

זָ דוֹ זָדוֹ   חָ נוֹ חָנוֹ

כָ סוֹ כָסוֹ   לָ שׂוֹ לָשׂוֹ

מָ חוֹ מָחוֹ   פָּ נוֹ פָּנוֹ

עָ לוֹ עָלוֹ   קָ לוֹ קָלוֹ

שָׁ נוֹ שָׁנוֹ   תָּ נוֹ תָּנוֹ

אָתוּ אָנוּ בָּכוּ בָּלוּ בָּנוּ

בָלוּ גָלוּ גָנוּ דָלוּ הָרוּ

וָזוּ זָזוּ זָכוּ חָסוּ טָרוּ

יָרוּ כָּלוּ כָלוּ לָנוּ מָלוּ

נָחוּ סָרוּ עָנוּ פָּדוּ פָנוּ

צָרוּ צָלוּ קָנוּ קָשׂוּ רָשׂוּ

שָׂרוּ שָׂעוּ שָׂחוּ תָּעוּ תָנוּ

אָחִי אִמוֹ אִתוֹ אַפוֹ אַקוֹ

אוֹתוֹ אוֹרוֹ אוֹדוֹ אִלוֹ אוֹתִי

בָּדוֹ בָּזוֹ בָּכוֹ בִּתוֹ בֹּזוֹ

בָעוֹ בִתִי בָדוֹ בָזוֹ בָכוֹ

גָזוֹ גֹחִי גַלוֹ גַנוֹ גַלוֹ

גִנוֹ גֵרוֹ גוּפוֹ גִלוֹ גֹלוֹ

דָחוֹ דָשׁוֹ דוֹדוֹ דַפוֹ דִכוֹ

הוֹדוּ הוֹרוּ הִטוּ הַכּוּ הָרוּ

זָרוּ זֵרוּ זָלוּ זוֹרוּ זָחוּ

חוֹבוּ חוֹלוּ חִנוּ חִכּוּ חִפּוּ

חָרוּ חִצוּ חַגִי חֶקוּ חַגוּ

טַפּוּ טוֹבוּ טוֹבִי טָעוּ טוֹבִי

יָתִי יוֹדוּ יוֹרוּ יַזוּ יוֹמוּ

יָדוּ יוֹפִי יַכּוּ יַטוּ יָרוּ

כֻּלוֹ כַּנוֹ כַּדוֹ כַּפּוֹ כָּרוֹ

כֹחִי כֹחוֹ כוֹסִי כִסוֹ כֻלוֹ

לִבּוֹ לִבִּי לֵוִי לוֹחוֹ לָעוֹ

מוֹטוֹ מוֹרוֹ מֹחוֹ מָצוֹ מָנוֹ

מָטוֹ מָשׁוֹ מִגוֹ מִדוֹ מֵתוֹ

נָסוֹ נָעוֹ נָצוֹ נָדוֹ נָשׁוֹ

נִבִי נִקוֹ נִסוֹ נֹפּוֹ נֵרוֹ

סָחוֹ סָנוֹ סוֹפוֹ סַלוֹ סַגִי

עָזִי עַמוֹ עֵצוֹ עָדוֹ עִמִי

פָּדוֹ פָּשׁוֹ פּוֹטִי פִּתוֹ פּוֹרוֹ

פָּדוֹ פָּרוֹ פָּעוֹ פָּרוֹ פִּנוֹ

פּוֹטִי פָּצוֹ פַּסִי פָּנוֹ פִּיהָ

צָרוֹ צָרוֹ צוֹרוֹ צוֹמוֹ צוֹדוֹ

צַוֹ צַחוֹ צוֹרוֹ צוֹמוֹ צוֹרִי

קַלוּ קַווּ קָצוּ קוֹלוֹ קוֹנוֹ

קְצוֹ קוּמוֹ קְנוֹ קוֹלִי קְווּ

רָאוּ רָנוּ רָצוּ רָעוּ רָדוּ

רַבִּי רַבּוּ רַבּוֹ רִבּוֹ רֶבּוֹ

שָׁתוֹ שָׁרוּ שָׁעוּ שָׁלוּ שָׁנִי

שׁוּבוֹ שִׁנוֹ שׁוּקוֹ שׁוּרוֹ שֵׁנִי

רוּחוֹ רוּחִי שׁוֹרִי שָׁתוֹ רוֹאוֹ

שָׂחוֹּ שָׂשׂוֹּ שָׂרוֹ שַׂקִי שַׂקוֹ

שׂוֹכוֹ שֵׂיוֹ שִׂיחִי שֵׂחוֹ שָׂרִי

תָּעוֹּ תָּרוֹּ תִּלוֹ תֶּמוֹ תִּתּוֹ

תּוֹרִי תּוֹנוֹּ תִּיבוֹּ תִּתִּי תָּנוֹּ

תָּלוֹּ תָּנוֹּ תַּמוֹּ תִּיבוֹּ תֶּמוֹ

תֶּכּוֹּ תּוֹחוֹּ תָּלִי תּוֹכוֹ תִּלוֹ

צִווּ וִיהִי שֶׁלוֹ וָמִי זִכּוּ

אָנֹכִי אָבִינוּ אוֹתָנוּ אַלּוּפוֹ

בַּלֹּתִי בִּתֵּנוּ בָּצֵקוֹ בִּקֵּעַ

בֹּאֵנוּ בָּנִית בֹּקֵעַ בָּכִיתִי

גָּלִינוּ גִּבּוֹרִי גּוֹזָלִי גּוֹרָלִי

דַּבֵּרוּ דֹּדָתוֹ דָּנַנּוּ דָּמִיתִי

דִּמּוּעַ דַּלֹּתִי דִּמִּיתָ דַּלּוֹנוּ

הַשֹּׁשִׁי הַכֹּתוֹ הַלֵּוִי הָנִיחוֹ

וָרֹנִי וַיֵּטוּ וָחֵצִי וָשׁוּבוֹ

זַמֵרוּ זוֹרֵעַ זוּלָתוֹ זוּנֵנוּ

זַמֹתִי זַבֵּחוּ זָכִיתִי זָרֶעַ

חֻפָּתוֹ חִכִּיתִי חָנֵנוּ חָדֵלוּ

טוֹבָתוֹ טַפֵּנוּ טַלֶךָ טוֹבָתִי

יוֹסִיפוּ יָלוֹקוּ יָשֶׁבוּ יַחֵלוּ

כִּלָנוּ כָּרַתִי כָּמוֹהוּ כִּתֵבוּ

כָמוֹךָ כֻלָנוּ כָרִיתָ כִסָהוּ

לַגָדִי לִבֶּךָ לָוִינוּ לָקָחוּ

מֹנֵעַ מִמֶּנוּ מָחִיתָ מֵאֹתוֹ

נַכֶּנוּ נָגוּעַ נָפֹצוּ נָוֵהוּ

סֶסָתִי סוֹדֶךָ סָלִיתָ סַפֵּרוּ

עָלִיתָ עִמָדִי עֶזֶךָ עִירֵנוּ

פּוֹדֵנוּ פָּנִיתָ פּוֹרֵעַ פָּצִיתִי

פָּרֶעַ פָּדִיתָ פָּרוּעַ פָּנִיתִי

צִוִיתָ צָבוּעַ צִדֶךָ צוּרָתוֹ

צֹלֵעַ צָמֵתִי צִוָנוּ צָנוּעַ

קֹלֵנוּ קָרָתוֹ קָנֶךָ קוֹבֵעַ

רָצִיתָ רַנֵנוּ רֵעֵהוּ רַבֵּנוּ

רָבוּעַ רַקָתוֹ רָאוּהָ רִמֹנִי

שִׁלֵחוּ שֶׁעָשׂוּ שַׁבַּתוֹ שׁוֹבֶךָ

שָׁתִיתִי שָׁבוּעַ שִׁילֹנִי שֶׁסוֹפּוֹ

שִׁימֵנוּ שָׁבוֹעַ שִׁיחָתִי שַׁכֹּתִי

תָּבִינוּ תֵּדָעוּ תַּגִּידוּ תּוֹרָתִי

תֵּצֵאוּ תּוֹכֵבִי תִּקוּנוּ תָּעִירוּ

חֲגֵנוּ כִּסִיתוֹ לִידִיוֹ הֲגִידִי

כָמוֹנוּ רִבּוֹנוּ קִוִיתִי יָקֶצוּ

פָּשֹׁעַ עוֹדֶנוּ שִׁוִיתִי בּוֹאֶךָ

דָמִינוּ יֶלֶדוּ נַקֵנִי גַוֶךָ

מֵעֹנִי תָקוֹעַ טַפֵּנוּ וָלֵכוּ

שִׁיחָתִי קָרוּעַ תָנוּסוּ זוּלָתִי

יָבֹזוּ סֶכָּתוֹ חָנוּנִי נִתָנוּ

פָּנִיתָ צִוִיתִי סַבֹּתִי אוֹצָרוֹ

אַךְ הַךְ זַךְ יַךְ כַּךְ

כַךְ סַךְ פַּךְ רַךְ תַּךְ

בַּת גַת דַת יַת פַּת

גַם דַם חַם סַם תַּם

בַּד חַד יַד צַד שַׂד

אַף גַף חַף טַף כַף

בַּג גַג דַג חַג תַּג

גַס הַס חַס טַס מַס

אַל בַּל בַל גַל דַל

חַל טַל סַל עַל קַל

אַב גַב חַב סַב קַב

בַּר דַר טַר קַר שַׁר

זַח לַח צַח פַּח קַח

קַשׁ גַן רַק עַז הַט

חֵץ לֵץ נֵץ עֵץ קֵץ

אֵד הֵד זֵד נֵד עֵד

בֵּן הֵן חֵן קֵן תֵּן

אֵת חֵת מֵת שֵׁת תֵּת

בֵּל בֵל תֵל צֵל תֵּל

גֵט יֵט עֵט כֵּס נֵס

עֵז גֵר שֵׁם לֵב רֵק

דוֹב חוֹב טוֹב נוֹב שׁוֹב

גוֹד דוֹד הוֹד סוֹד עוֹד

אוֹם דוֹם חוֹם צוֹם רוֹם

דוֹק חוֹק חֹק שׁוֹק רוֹק

אוֹף חוֹף כּוֹף סוֹף קוֹף

גוֹג חוֹג לוֹג מוֹג עוֹג

תוֹךְ קוֹץ עוֹז חוֹל אוֹת

בּוּר גוּר דּוּר כּוּר צוּר

לוּשׁ סוּג בּוּל לוּל מוּל

זוּז לוּז בּוּז שׁוּב גוּב

חוּם מוּם קוּם צוּק שׁוּק

אוּד גוּד צוּד חוּט פּוּט

בּוּן גוּן חוּן צוּף סוּף

נוּן רוּת סוּם גוּשׁ מוּשׁ

בֶּן הֶן פֶּן שֶׁן תֶּן

אֶת עֶת יֶשׁ גֶשׁ לֶב

לֶץ נֶץ מֶם שֶׁם נֶס

אֶל גֶר גֶט שֶׁל בֶּן

עִיר נִיר שִׁיר סִיר קִיר

אִם עִם שִׁים אִישׁ חִישׁ

רִיב סִיב נִיב מִיץ צִיץ

רִיק שִׁיג אִית גִיל תִּיק

אַב אוּד אֶל אִישׁ אוֹר אֵת

בֶּן בִּן בּוּר בּוּשׁ בַּר בֵּל

בוֹר בוּז בֶן בַל בִיב בֵן

גֵץ גוֹב גִיל גֶר גַת גוּשׁ

דוּד דִין דַל דֹב דֵן דַג

הֵם הוֹד הִין הַר הַט הֶן

זַח זוּז זֵר זוֹל זוֹב זֵד

חוֹף חֵת חִיל חַם חוּט חִישׁ

טוּב טַב טִיט טוֹל טַר טוֹב

יֵז יוֹם יֶשׁ יַד יוּד יֵט

כַּד כּוּר כּוֹס כֵּן כִּים כֹּר

כוֹס כֵן כוּשׁ כַף כִים כֹל

לֶב לַח לוּז לֵץ לוֹג לֶץ

מוּשׁ מִיץ מֶם מוֹל מַן מֵת

נֵץ נוּן נֶם נוֹב נֵר נַשׁ

סַק סוֹד סוּג סִיב סוּף סוֹב

עוֹז עֹם עֶת עֵץ עַד עוֹל

פֶּן פּוּר פַּח פּוֹל פִּיו פּוֹן

צוּק צִיץ צֵל צוֹר צַח צוּף

קִיר קוֹץ קַשׁ קוּם קֵן קַח

רַק רוּם רִיב רֹב רֵק רַב

שֶׁן שִׁיג שֵׁשׁ שַׁק שׁוֹשׁ שׁוּב

תֵּת תּוֹף תֶּן תִּיק תַּם תּוּב

שֵׁב צֵק לֵשׁ שֵׁם רֵץ פֵּר

קַבֵּץ רָחִיץ יָצֵץ מִחוּץ

מָחַץ לָרוּץ שִׁקֶץ יָעַץ

חָלוּץ יִיקַץ פָּרוּץ הָעֵץ

הֵקִיץ רָחַץ הֵפִּיץ חִלֵץ

נָתַץ יִתֹּץ תֵּבֵּץ הָקִיץ

מֵחֵץ שֵׁרִץ עָרִיץ חִלוּץ

הַקֵץ קִצֵץ לַחוּץ קִבּוּץ

הַנֵץ אַמִיץ לָעֵץ עָצִיץ

בָּרוּךְ   מָלַךְ   בָּרֵךְ   הַסֵּךְ

עָרַךְ   שׁוֹפֵךְ   צָרִיךְ   סוֹמֵךְ

מִתּוֹךְ   מָסַךְ   אִישֵׁךְ   עַמֵּךְ

וַיַּךְ   נָשׁוּךְ   תֵּלֵךְ   הָלַךְ

דָּרַךְ   הוֹלֵךְ   אַסִּיךְ   תּוֹמִיךְ

יֶלֶךְ   חָשַׁךְ   אֵלֵךְ   מֵסִיךְ

עָרוּךְ   בֶּרֶךְ   עוֹרֶךְ   אֹרֶךְ

מָשׁוֹךְ   תּוֹמֵךְ   נָשַׁךְ   הָלוֹךְ

בָּנִים טוֹבִים עֵצִים חֻקִים

נֹעַם לֶחֶם יִקוֹם עֶצֶם

כֶּסֶף שֻׁטַף תִגֹף זוֹקֵף

יָעַף רֹדֵף צָרִיף רָצוּף

שַׁכֵן חָרוֹן אוֹמֵן יָכִין

לִדוֹן יִחַן תַנִין שׁוּשַׁן

לַחַשׁ בָּאֵשׁ שֶׁמֶשׁ קִדוּשׁ

יִגַשׁ מוֹקֵשׁ הָאִישׁ נֶפֶשׁ

אָרֶץ אֱזוֹב אוֹתֹת אַחֵר

אוֹסִיף אוֹצַר אָבִישׁ אָזַל

אָדֹם אַבֵּד אָשׁוּב אַלוֹן

בָּהֶם בָּרַח בּוֹדֵד בֹּעַז

בָּרוּךְ בּוֹקֵק בָּנוֹת בֶּגֶד

בָּהֶן בֹּעֵר בָּשַׁל בָּכֶם

גֹּרֶן גַנוֹת גָזַל גִּבּוֹר

דוֹרֵשׁ דַּבֵּר דֶלֶת דָשֵׁן

הָעֵד	הַשֵׁן	הַלֵךְ	הַגֶד
וָעֹז	וָשֵׁשׁ	וַיַז	וָגִיל
זֵדִים	זָכוּר	זוּזִים	זֹרֵק
חוֹצֵץ	חֹבֵל	חַזֵק	חַלוֹן
טָהוֹר	טַעַם	טֶרִים	טָרוֹף
יָצַר	יִדֹם	יִתֵּן	יַחֵד
כָּתִית	כַּבֵּד	כָּלִיל	כֹּהֵן
כָרַת	כַפֵּר	כִנִים	כַמֹן

לָעַד	לָבֹז	לוּחֹת	לַכֹּל
מַהֵר	מֵקִים	מוֹשֵׁל	מָנוֹם
נֶגֶב	נִחַם	נָתַן	נוֹלַד
סֵפֶר	סֻכּוֹת	סִיחֹן	סֵבֶב
עֵבֶר	עָבַד	עוֹלֹת	עֵמֶק
פָּטוּר	פָּתַח	פוּרִים	פָּנוֹת
פָּנִים	פָּרַח	פֹּעַל	פֶּרֶץ
צַיִד	צָדוֹק	צֶמַח	צָעַק

קֹסֵם קְדַשׁ קִבּוּץ קוֹמַת

קֶרֶב קַיִן קָצַף קָשַׁר

רָצוֹן רָחֵל רָעַד רֶכֶב

שֹׁחַד שָׁאוּל שׁוֹגֵג שִׁלַּם

שֹׁפֵט שֶׁמֶשׁ שׁוּשַׁן שָׁרַץ

שָׂשׂוֹן שָׂרִיד שֹׂמַח שַׂקִּים

תֵּלֵד תָּשִׁישׁ תַּנּוּר תָּדִין

תָּלִין תִּקַּח תּוֹרֵם תַּשִּׂיג

אָחַז   בָּאִם   בוֹקֵר   גָזִית

דִיבוֹן   הָדֵק   וָלֹט   זוֹלֵל

חֱקַת   חִלוּץ   טֹבִים   יָסַף

יָשִׁישׁ   כֹּאֵב   כַחֵשׁ   לָנֱם

מוֹפֵּת   נָשַׁל   סֹלֶת   עֶשֵׂב

פֶּרַח   פוֹנִים   צַדִיק   צָעִיר

קוֹצֵר   רָחִיץ   רֶחֶם   שִׁחֵת

תֶּרַח   תֶּרֶף   תִּירוֹשׁ   תֵּבֵל

בָּא דָא מַה גַע לֹא בֹּא

שֶׂה רָע הוּא דַע צֵא פֶּה

מָלֵא יוֹצֵא כִּסֵא מֵבִיא חַגָא

אֱלֹה עֹטֶה כִּלָה נָאֶה קָשֶׁה

רוֹקַע רֶגַע בֶּצַע תֵדָע שֶׁסַע

בּוֹרֵא יִירָא הוֹצִיא מִבֹּא הֵנִיא

יַזֶה תּוֹרָה קַוֵה מַצָה חֻקָה

נֶגַע תִּגַע אֱדַע סֶלַע מַדָע

רְאוּ שְׂאוּ גְבוּ צְבוּ שְׁבוּ

פְּרוּ לְווּ וְזוּ כְּזוּ מְחוּ

קְחוּ נְטוּ בְּנוּ זְכוּ תְנוּ

כְּבוֹד מְעַט שְׂאֹר וְחוֹק דְבַשׁ

וְהוּא זְמַן וְהִוא פְּרַס וְהִיא

סְאִין וְיַת נְהַר לְוַת דְמוּת

קְנַז צְבָא מְשֹׁךְ בְּרִית כְּפַר

בְּלוֹם פְּאֵר יְדִיד בְּלָעוֹ מְטַר

לַחְ - מִי לַחְמִי נַפְ - שׁוֹ נַפְשׁוֹ

יִתְ - רוֹ יִתְרוֹ יֶדְ - גוּ יֶדְגוּ

מִצְרִי אַנְשֵׁי עֶזְרִי אַרְבַּע

יִשְׂאוּ מַדְוֵי זִלְפָּה תַמְנוּ

מִחְסִי אַשְׁרֵי בִּטְחוּ קַצְוֵי

יִרְאַת בִּנְיַן מִצְוַת מַבְדִיל

כַּרְפַּס אֶפְשַׁר יִמְחַץ יִפְרַח

אַשְׁלִיךְ שִׁמְעוֹן פַּתְרוֹם אֶסְתֵּר

תִשְׁמְרוּ תִזְכְּרוּ תִשְׁמְעוּ תִקְשְׁרִי

נִבְרְאוּ נִכְבְּדֵי נִכְרְתוּ נֶחְבְּאוּ

יִשְׁבְּעוּ יִסְקְלוּ יִרְדְּפוּ עַבְדְּךָ

מִשְׁפְּטֵי צִלְצְלֵי שִׁבְתְּךָ עֶרְכְּךָ

אַרְצְכֶם מַמְלְכֹת נַפְשְׁכֶם יִזְכְּרֵם

קִרְבְּךָ נִטְבְּלוּ וַיִּרְגְּמוּ וַיִּשְׂרְפוּ

נִפְתְּחָה וַיִּקְרְעוּ יִלְכְּדוּ נִכְבְּשָׁה

נִמְצְאוּ דַּרְכְּכֶם תִּבְטְחוּ כַּרְמְךָ

הַלְלוּ הַרְרֵי רַנְּנוּ שִׁגְגַת

סוֹבְבוּ כּוֹנְנוּ רוֹמְמוּ נוֹפְפוּ

מְחֹקְקֵי גּוֹזְזֵי שׁוֹדְדֵי טַלְלֵי

שׁוֹרְרוּ מוֹטְטָה חוֹלְלָה שׁוֹלְלֵי

זוֹקְקִים נוֹצְצִים תּוֹפְפִים עוֹלְלִים

מְרוֹמְמִי צוֹרְרִי שִׁגְגִי תְּהוֹתְתִי

נְרַנְּנָה לְסַמְּמָה תְּמֹגְגֶנָה יְסוֹבְבֶהָ

הִתְהַלְלוּ סַתְתוּ אֶשְׁתּוֹלְלוּ הִנְנִי

בְּהִתְהַלֶּכְךָ תְּבָרֶכְךָ וְנַמְלִיכְךָ

עַמְּךָ זַמְּרוּ שֶׁלְּךָ יִדְּמוּ

לְבַדְּךָ הַשְּׁבִיעִי שַׂמְּחֵנוּ הַדְּבָרִים

מִגְּזֵרָה הַלְּבָנָה לַגְּמָרָא הַגְּדוֹלָה

מְצַוְּךָ וְתַקְּנֵנוּ הַזְּמַנִּים צִלְּךָ

שַׂגְּבֵנוּ תִּצְּרֵנִי קַדְּשָׁנוּ הַמְּלוּכָה

הַדְּבֵקִים הַנְּשָׁמוֹת מִלְּפָנֶיךָ מִכְּבוֹר

אַנְתְּ יֵרְדְּ וַיֵּבְךְּ כָּשַׁלְתְּ

סָגַרְתְּ וַיַּשְׁקְ שָׁמַרְתְּ וַתֵּשְׁתְּ

וַיֵּשְׁתְּ יָצַקְתְּ נֵרְדְּ דְּאַטֵּפְתְּ

גַי דַי וַי חַי עַי שַׁי

אַחַי פָּנַי עָלַי חֹסַי גֹבַי

אִשַׁי רֹעַי הֵגַי כַּפַּי צָרַי

אֵי בֵּי דֵי חֵי מֵי שֵׁי

חֶקֵן עַמֵּי תִּלֵי גַבֵּי נָחֵי

מִצוּי זֵרוּי חָבוּי וִדוּי

עִנוּי תִּמוּי סָגוּי עָדוּי

צָפּוּי בָּנוּי צִוּוּי כָּרָאוּי

אָב אָז בָּז בָּם בָז בָת

גָד גָשׁ דָג דָם הָס הָר

זָב זָן חָג חָם יָד יָם

כָּל כָף לָן לָשׁ מָן מָשׁ

נָח נָם סָג סָף עָז עָם

פָּז צָר קָט קָץ רָב רָם

שָׁב שָׁת שָׁם שָׁשׁ תָּם תָם

טָף אָץ גָז אָח חָק יָת

חָתָן נָחָשׁ יָשָׁר אָחָז

יָשָׁן חָדָשׁ חָלָב חָכָם

אָשָׁם נָתָן עָשָׂר נָטָף

קָהָל הָרָב יָדָם יָנָם

כָּעָשׂ עָשָׁק לָעָם בָּשָׁן

בָּשָׂר מָהָר בָּרָד יָשָׁב

אָדָם עָשָׁן שָׂרָף הָדָר

לֵבָב נִגָף רַגָז תֶמָם צִוָךְ

הַזָן הַטָף עִדָן בַּדָם מַגָל

כִּכָּר קַשָׁת נֵכָר מֵאָז דֹתָן

מֵעָל אֶחָד שֵׂכָר הַטָל טַפָּם

שַׁבָּת הַתָם אֶחָת מִפָּז רַבָן

הוֹדָךְ גוֹלָן שׁוֹפָר נוֹתָר אִיקָץ

סְיָג זְכָר בְּכָל פְּרָט מְנָת

גְרוֹנָם וְכֶלָם וְשֵׂעָר מְבֹרָךְ מְקֶבָּל

הָיוּ יָיִן חָיִל מָיִם אָיִן אָיִל

חָיִים אֶפְרָיִם הָיָה עָיֵף

יָדָיִם אֵלָיִךְ בִזָיוֹן נִסָיוֹן

שָׁמָיִם רֵחָיִם שְׁנָיִם יְרוּשָׁלָיִם

גָי דָי וָי חָי עָי שָׁי

נִסָי אֶחָי אִתָּי יָדָי חוּשָׁי

אֵלָי עָרָי רֵעָי רֹאָי מָתָי

חַיָי חֹסָי פָּנָי הֵגָי מֵעֵינָי

צָרָיו גַּלָיו פָּנָיו עֵצָיו בָּנָיו

חֻקָּיו אֶחָיו בַּדָיו אַפָּיו חַיָּיו

בְּחִירָיו לְפָנָיו עוֹשָׂיו קְדוֹשָׁיו

לִירֵאָיו שָׁלִישָׁיו צְבָאָיו דְּבָרָיו

צִדָּהּ קֹלָהּ עִמָּהּ אִוָהּ בָּהּ לָהּ

כַּפָּהּ בְּנָהּ אִתָּהּ אִישָׁהּ אוֹתָהּ

תִּלָּהּ כֻּלָּהּ דּוֹדָהּ סוֹפָהּ נֵרָהּ

עַמָּהּ חַגָּהּ כֹּחָהּ שְׂמָהּ צִלָּהּ

קָרְבַּן אָזְנָם צָדְקוּ תָקְפָּה

אָבְדוּ תָקְטָר אָכְלָם נָפְלָה

דָכְיָם בָּרְכוּ עָשְׁקָם עָזְרֵנוּ

נָטְפוּ שָׁדְךָ שָׁכְנוּ עָזְבוּ

עָשְׁרָם עָלְמָא נָשְׂאוּ יָצְאָה

גָּדְלוֹ חָפְשִׁי צָרְכִּי קָדְשׁוֹ

חָלְיוֹ שָׁקְיָא גָּבְהוֹ חָכְמָה

בָּיְתָה הָיְתָה חָיְתָה לָיְלָה

חוֹנַנְתָּ גָזַזְתָּ לְלִמֹּד רוֹמַמְתִּי

סָרַרְנוּ תִּתְהַלָּל תִּתְעַטֵּף מִמְּכוֹן

מִלְּבָבְךָ וְשִׁנַּנְתָּם גְּנַנְתּוֹ נְהַלֶּלְךָ

הִלַּלְנוּ אֲרוֹמִמְךָ פּוֹרַרְתָּ רִצַּצְתָּ

לִלְקוֹט תִּתְלַבֵּשׁ כּוֹנַנְתָּ רֻשַּׁשְׁתָּ

תִּתְקַדֵּשׁ תִּתְמוֹגָג עוֹרַרְתִּךְ

מֶמְשֶׁלֶת מַמְלָכָה מַמְלְכוֹת

שַׁשְׁתִּי הִלַּלְתִּךָ מֶמְשַׁלְתֶּךָ

נֹשֵׁא עֹשֶׁה בֹּשֶׁם פֹּשֵׁק חֹשֵׁךְ

לְשֹׁבַע נָשֹׁא יָשֹׁר שֹׁחֵט שֹׁרָף

קָדֹשׁ יִטֹשׁ חֹשֶׁךְ גֹשֶׁן מֹשֶׁה

יֵבֹשׁוּ נֵבֹשׁ עֹשֶׁר תִירֹשׁ יֹשֵׁב

רֹאשׁ צֹאן זֹאת כַאן לַאו

יֹאבַד לֵאמֹר לִהְיוֹת תִּהְיוּ

שָׁמַעְתָּ הוֹדַעְתָּ נֶעְלָם טִבַּעְתָּ

וְיַאְדִיר נֶאְזָר וֶהְיֵה זְרַעְתֶּם

בָּאְֹשָׁה בָּהְֹשַׁמָה וְרָהְבָּם יָהְֹצָּה

הוֹדָעְתָּ יָדָעְתָּ תִּעְתָּעְנוּ מָעְלָֹה

נוֹשָׁעְתִּי נִשְׁבָּעְתִּי פָּשָׁעְנוּ קָבָעְתָּ

רָשָׁעְנוּ שִׁעַשָּׁעְתִּי שָׁבָעְתָּ יָדָעְתִּי

וַיַּעְזֵרֶם יַעְלְזוּ לְֹמַעְיֵנוּ

יֶאְשְׁמוּ בְּסַעְדְהוֹן יִשְׁתַּעְשְׁעוֹן

תַּעְשֶׂרְנָה תַּעְטֶרְנוּ תַּעְבְרוֹן

מִמֵּךְ   אוֹדֶךְ   הִנֶּךְ   תּוֹדֶךְ

וִיחֻנֶּךְ   אֶרְאֶךְ   אֶקְרָאֶךְ

אַשְׂבִּיעֶךְ   אַרְאֶךְ   יִסְעָדֶךְ

לְיַסְּרֶךְ   תְּקַדְּמֶךְ   תְּסוֹבְבֶךְ   יַעַזְרֶךְ

חֻקֶּיךְ   חַסְדְּךְ   קָדְשְׁךְ   וְגֵרְךְ

עִירְךְ   שְׂכִירְךְ   יַצִּילְךְ   בְּכוֹרְךְ

טוּבְךְ   יְחוּדְךְ   כְּסוּתְךְ   רְצוֹנְךְ

אֵינְךְ   יְמִינְךְ   אִמְרָתְךְ   יְבָרֶכְךְ

צָרֶיהָ   בָּנֶיהָ   חֻקֶּיךָ   מִצְוֹתֶיךָ

עָרֶיךָ   פִּתּוּחֶיהָ   עֵדְוֹתֶיךָ   חֻקּוֹתֶיךָ

נִסֶּיהָ   חַיֶּיהָ   עֵינֶיךָ   פָּנֶיךָ

עָלֶיהָ   קָמֶיךָ   עֵינֶיהָ   נִסֶּיךָ

וַתִּבְלַעְןָ   וַתִּגַּשְׁןָ   וַתַּשְׁקֶןָ

תִּרְאֶןָ   תֹּאכַלְןָ   תְּשַׁלֶּחְןָ

תְּבִיאֶןָ   תְּקוּמֶןָ   וְתֹאמַרְןָ

וַתֵּצֶאןָ   תְּפוּצֶיןָ   תִּהְיֶיןָ

חֳרִי רָאִי עֳנִי סָבֳלוֹ קָדֳמִי

אֳנִיּוֹת יָעֳמֹד בָּחֳרִי אָהֳלוֹ

אֳחָרָא הַצָּרִי נָעֳמִי לָקֳבֵל

צִפֳּרִים מִמָּחֳרַת טָהֳרָתוֹ קָבָּתָהּ

אֲזַי עֲצֵי גֹּאֲלִי חֲצִי אֲנִי

אֲבוֹתַי צַעֲקוּ אֲנַחְנוּ שַׁאֲלִי

אֱמֶת נֶאֱמָן וֶהֱוֵה לֶאֱכוֹל

אֱגוֹז יֶחֱצוּ וֶעֱזוּז צֶאֱצָאֵי

כֹּחַ לוּחַ טוּחַ מֹחַ נֹחַ פִּיחַ

מָנוֹחַ סֹלֵחַ זֹבֵחַ בָּטֶחַ

פֹּלֵחַ הֹכִיחַ טָבוּחַ נִתוּחַ

תַּפּוּחַ לָשׁוּחַ שׁוֹכֵחַ גַלֵחַ

יָדִיחַ אָרִיחַ צֹרֵחַ קֵרֵחַ

רָצֹחַ שָׂמֵחַ חוֹחַ בָרוּחַ

מְשַׁבֵּחַ לְהַדִיחַ שְׁלֹחַ יְזַבֵּחַ

בּוֹרֵחַ פּוֹתֵחַ יוֹכִיחַ מָשִׁיחַ

וּבֵין וּבָא וּמֻת וּבוֹ וּפִי וּמִן

וּפֶה וּמֵי וּבַר וּפָז וּמַה וּפֹה

וּמִי וּבַיּוֹם וּבָרֵךְ וּמִשְׁפָּט וּמָל

וּרְאֵה וּבְנֵי וּשְׁמוֹ וּתְהִי

וּשְׁמַע וּמְלוֹךְ וּפְרֵה וּבְכוֹר

וּקְמוֹץ וּגְדָל וּבְצֵל וּנְדוֹר

וּתְשַׁבֵּר וּתְכַלֵּם וּלְכָל וּדְבַר

וּמְקֻבָּל וּמְתֻקָּן וּדְבָרָיו וּמְבֹרָךְ

בָּרְכוּ דָרְכוּ בִּדְבַר חֶפְצִי

יַחְטֹף יַמְטֵר יִבְחַר יַצְפִּין

יִשְׁכַּח יִרְבּוּ זִבְחוּ דֹבְרֵי

רִגְזוּ זִכְרֶךָ שִׂפְתֵי צִדְקוּ

שֹׁפְטֵי יִרְבוּ פַּלְגֵי נַשְׁקוּ

מַלְכֵי יִשְׁכֹּן מִזְרַח מִכְלַל

יַרְאֵנוּ יִשְׁמַע מִזְבֶל אַשְׁרֵי

חָפַצְתָּ עַרְשִׂי חַלְדָּה חֶפְצוֹ

חֲצֹצְרוֹת שַׁשְׁתָּ נְהַלֶּלְךָ מִמְּעוֹן

לְלֹשְׁנוּ לְבַבְכֶם תִּתְנֶנּוּ וִירוֹמִמְךָ

וְדוֹמַמְתִּי אֲרוֹמְמֶךָּ חָקַקְתָּ עַמְּמֵי

תִּתְכַּסֶּה וְכִכְפִּיר עוֹרַרְתִּיךָ שֶׁטַּטְנוּ

מִמְּכוֹן בָּזַזְנוּ וְסִסְמַי לְמִמְנַי

מֶמְשָׁלָה מַמְטִיר מִמְּךָ מִמְכַּר

שָׁגַגְנוּ הִתְחַנַּנְתִּי וְהִתְבּוֹנַנְתָּ הִלַּלְנוּ

וּמִמְּצוּקֹתֵיהֶם וְתִתְעַטֵּף וְרוֹמַמְתָּנוּ

תְּהַלְלִי גָלְלוּ דָמְמוּ כּוֹנְנָה

גָרְרָה צֹרְרַי וַתְּשְׂקֶקָה מֵחַלְלוּ

עַמְמֵי מְעַלְלֵיהֶם שׁוֹרְרַי בָּזְזוּ

קֹמְמִיּוֹת רְבָבוֹת אָפְפוּ תְּרוֹמְמֵנִי

יִתְקוֹשְׁשׁוּ הִנְנִי מְחוֹלְלוּ יְהַלְלוּ

עָשְׂשָׂה הִתְפַּלְלוּ מְהַרְרֵי יְשׁוֹרְרוּ

יְרוֹמְמוּ כּוֹנְנֵהוּ תְּחַלְלֶנּוּ יְרַנְנוּ

שָׁרְרֵךְ שִׁגְגָם נְרוֹמְמָה שֹׁרְרָי

אֶפְתַּח אַפְסֵי נַפְשִׁי עִבְדוּ

שַׁבְתָּ יִשְׁעֵנוּ הַרְאֵנוּ אוֹדְךָ

בִּקְשׁוּ יִסְפֹּר בִּכְתוֹב נִגְזָרוּ

פִּלְאֶךָ אֶפְשַׁר בִּקְהַל יִדְמֶה

חֶרְמוֹן כַּרְמֶל יִקְרָאֵנִי יְשַׂגֶּבְךָ

עֶלְיוֹן בִּכְיִי זָנַחְתָּ חֶרְפָּה

תִּבְעַר שַׁוְעִי רִגְזוּ חֶרְפּוּ

לִמְנוֹת אִמְרוּ אַמְסֶה אַרְיֵה

אָמְרוּ שָׁמָעְתִּי נוֹדָעְתָּ לָמְדוּ

חָקְקֵנוּ מָדְדוּ שָׁמְמוּ שָׁבָעְתָּ

הָלְכוּ אָזְנוֹ כָּתְבֵנוּ עָצְמוּ

בְקָדְשִׂי בָּנָיְכִי עָלָיְכִי אָזְנִי

נִשְׁעָנְנוּ דֹתָיְנָה עָמְקוּ צָמְאָה

בְעָזְךָ עָבְרוּ שָׁמְעוּ זָכְרֵנוּ

טָחְנוּ עָשְׁרוֹ מְלָשְׁנִי כָפְּרוֹ

שָׁמָיְמָה יְכַבְּדָנְיִ דִבְלָתָיְמָה

יִשְׂמְחוּ בְּשִׁבְתֶּךָ כְּצִדְקְךָ תִּשְׁמְרֵם

נִפְּלְאוֹתֶיךָ נִדְרְכוּ יִסְמְכֵנוּ יִשְׁמְרוּ

יְכַלְכְּלֶךָ בְּחַסְדְּךָ נִשְׁמְרוּ יִבְטְחוּ

יִמְצְאוּ אֶבְרְכָה מַחְשְׁבוֹת יִצְפְּנֵנוּ

אֶשְׂמְחָה אֶזְבְּחָה אֶזְכְּרָה אֶלְמְדָה

אֶשְׁבְּעָה תִּמְשְׁכֵנוּ מִמִּשְׁבְּצוֹת

וּמִמִּכְלְאוֹת לְמִשְׁכְּנוֹתָיו וַתִּצְפְּנֵהוּ

מַמְשְׁלוֹתָיו יִדְרְשׁוּהוּ וְאֶשְׁמְרֶנּוּ

יַגִיהַּ גָבוֹהַּ תַגְבִּיהַּ וְתַגִיהַּ

כִגְבֹהַּ הַגְבֵּהַּ מַגְבִּיהַּ וּמַגְבִּיהַּ

שׁוֹמֵעַ יוֹדֵעַ וּמַשְׁמִיעַ וּמַשְׂבִּיעַ

אַ אֶ וְאַ גוֹאֵ יִשְׂרָאֵ

שָׁאַ שְׁאַ וְאֶ גָאַ וַיוֹאֶ

הוֹלַדְתָּ וְרַדְתָּ לִמַדְתָּ שָׁקַדְתִּי

מִלַטְתָּנִי וּשְׁפַטְתֶּם וְהֶעֱבַטְתָּ

נָתְסוּ פָּשְׁתָה שֹׁכְחֵי טַבְוָן

בְּהִתְהַלֶּכְךָ תְּבָרֶכְךָ וְנַמְלִיכְךָ

אִוּוִי אַוַּת אָוֶן גָּוַה הַוּוֹת

הֹוֶה וָוֵינוּ חַוֹת חֶדְוַת חַוָּה

לִוְיָתָן יִוָּשְׁעוּ לְפֶוָה מַטְוֶה מִצְוָה

נָאווּ נָוֵהוּ נְוַת נִצְטַוּוּ עָוֹן

צִוָּם צִוּוִי צַוָּאר צִוָּהוּ קַוֹּה

רֶוַח שָׁוָה שֹׁוֶה שִׁוִּיתִי תִּקְוָתִי

בֶּן־דָּוִד עַל־הָאֱמֶת אֶל־מֹשֶׁה

וְאַל־תִּשְׁאַל־לוֹ כָּל־אֲשֶׁר־בּוֹ

יִצְחָק עַכְשָׁו יִסְעָד דָכְיָם

יִשְׁמָרְךָ גַעֲרָתְךָ רַגְלֶךָ קָדְשְׁךָ

סַפְּרוּ בַּשְׁרוּ דַבְּרוּ שִׁבְּחוּ

הוֹלְלִים שָׁנְנוּ עָשְׁשׁוּ שׁוֹרְרָי

יִשְׂמְחוּ יִזְבְּחוּ יִבְצְעוּ יִצְפְּנוּ

גַבְנֻנִים בִּירַקְרַק מְקֻלָלָיו תִּתְיָאֵשׁ

הַסְתָיו נִבְחוּ פָשַׁטְתִי וְשָׁחַטְתָּ

חוֹנַנְתָּ גָזַזְתָּ עָשְׁתָה חָנְנֵנִי

וּתְשַׁבֵּר וּתְכַלֵּם וּלְכָל וּדְבַר

חִזְקוּ	מִנְחָה	מִזְמוֹר	יִקְרַב
חַסְדְּךָ	תְּסַפְּרוּ	מֶחְקְרֵי	יִשְׁבְּרוּ
כּוֹנְנָה	צוֹרְרָי	מְחוֹלְלוֹ	יְמַלְּלוּ
מַלְכְּתָא	לְעַבְדְּךָ	מַחְלְפוֹת	יְשַׁלְּחוּ
מִפְּרִי	אֲכַנְּךָ	מִמְּקוֹמוֹ	יִתְעַנְּגוּ
זִכְרָם	לְבָשְׁתָּ	מִסְפָּר	יַגְדִּיל
נַפְשָׁם	חָכְמָתָם	מִנְחָתָם	יִלְבָּשָׁם
לִלְבּוֹשׁוֹ	וְרוֹמַמְתָּנוּ	מַמְתַּקִּים	יַרְדְּתָּ
בְּשִׂמְחָה	נִשְׁבָּר	מִרְמָה	יַחְדָּו

רוֹמְמוֹת מִתְחַנְנִים מְחַצְצִים

סוֹבְבִים שׁוֹמְמוֹתֵינוּ וַאֲסוֹבְבָה

תְסוֹבְבֵנִי תְסוֹבְבֶךָ וּמִתְפַּלְלִים

תְרוֹמְמֵנִי יְכוֹנְנֶךָ וִירוֹמְמוּהוּ

מְחוֹלְלֶךָ בְחַצְצָן מִתְקוֹמְמָיו

מְשׁוֹרְרִים הַמְלַקְקִים שׁוֹמְמוֹתֵינוּ

מַעַלְלֵיהֶם הַסוֹרְרִים וַאֲרוֹמְמֶךָ

מְחַלְלִים וַתְשֹׁקְקֶהָ מִתְקוֹמְמִים

וְאוֹנוּ נְוַת לֵגְוּ וְאֹשְׁרוּ וְאִוּוּיוּ

יִסְחוּ תִתְנֵנוּ וְתִצְרֵךְ לֲזֹבוּב

זֲרְזִיר טִבְחָה יִשְׁתוּ יָפְיָה

מָשְׁזָר תִשְׁחָק פְּרְחָח מְחֶסְפָּס

וּתְרוֹמְמֵךְ יְשַׁחֲרֶנְנִי הִתְפּוֹרְרָה

וַיְפַצְפְּצֵנִי יְרְוִיוּן וַיְפַרְפְּרֵנִי

יְמַשְׁשׁוּ יְחֹקְקוּ כְּגֶלְלוֹ יְמַצְאֵנִי

הִגַּדְתִּי לְדִתָנָה שָׁקַטְתִּי נָתְסוּ

נִבְחָדוֹת נִלְכַּדְתְּ סְתֹם מְלַטְתָּנוּ

עֲמַדְתִּי הִבַּטְתֶּם פִּשְׁתָּה וּמַלְכֻּדְתּוֹ

כְּמִתְלַהְלֵהַּ שֶׁיִּתְמַהְמֵהַּ הַמְּצַפְצְפִים

הִצְלֶלְפוּנוּ לִפְתֹּחַ וְהִלַּלְתֶּם לְבָבְךָ

בְּסַנְסִנָּיו וָאֶתְחַלְחַל יְפֵיפִית הִתְגַּלְגְּלִי

הַיִּתְבָּרֵךְ וּנְשַׁבֵּחֲךָ וְנַחֲלָתְךָ מַלְכוּתְךָ

רָבַדְתִּי לָמַדְתִּי שִׁתַּפְתָּנִי נִשְׁפַּכְתִּי

נִשְׁאַרְנוּ נִתְרַחַקְנוּ זוּלְעַפְנוּ אֶעֱנֶדְנוּ

בְּפֶרַח לְמֶמְשָׁלוֹת לְמֹשֵׁחַ לְשַׁבֵּחַ

בְּהִתְהַלֶּכְךָ וְנַמְלִיכְךָ תְּבָרֶכְךָ

מוֹדֶה אֲנִי לְפָנֶיךָ מֶלֶךְ חַי וְקַיָּם, שֶׁהֶחֱזַרְתָּ בִּי נִשְׁמָתִי בְּחֶמְלָה רַבָּה אֱמוּנָתֶךָ:

רֵאשִׁית חָכְמָה יִרְאַת יְיָ, שֵׂכֶל טוֹב לְכָל עֹשֵׂיהֶם, תְּהִלָּתוֹ עוֹמֶדֶת לָעַד:

בָּרוּךְ שֵׁם כְּבוֹד מַלְכוּתוֹ לְעוֹלָם וָעֶד:

תּוֹרָה צִוָּה לָנוּ מֹשֶׁה, מוֹרָשָׁה קְהִלַּת יַעֲקֹב: שְׁמַע בְּנִי מוּסַר אָבִיךָ, וְאַל תִּטּוֹשׁ תּוֹרַת אִמֶּךָ: תּוֹרָה תְּהֵא אֱמוּנָתִי, וְאֵל שַׁדַּי בְּעֶזְרָתִי: וְאַתֶּם הַדְּבֵקִים בַּייָ אֱלֹהֵיכֶם, חַיִּים כֻּלְּכֶם הַיּוֹם: לִישׁוּעָתְךָ קִוִּיתִי יְיָ:

בָּרוּךְ אַתָּה יְיָ אֱלֹהֵינוּ מֶלֶךְ הָעוֹלָם אֲשֶׁר קִדְּשָׁנוּ בְּמִצְוֹתָיו, וְצִוָּנוּ עַל מִצְוַת צִיצִת:

מִצְוַת יְיָ בָּרָה מְאִירַת עֵינָיִם:

יְהִי רָצוֹן מִלְּפָנֶיךָ, יְיָ אֱלֹהַי וֵאלֹהֵי אֲבוֹתַי, שֶׁתְּהֵא חֲשׁוּבָה

מִצְוַת צִיצִת לְפָנֶיךָ, כְּאִלּוּ קִיַּמְתִּיהָ בְּכָל פְּרָטֶיהָ וְדִקְדּוּקֶיהָ וְכַוָּנוֹתֶיהָ, וְתַרְיַ״ג מִצְוֹת הַתְּלוּיִם בָּהּ, אָמֵן סֶלָה:

מַה טֹּבוּ אֹהָלֶיךָ יַעֲקֹב מִשְׁכְּנֹתֶיךָ יִשְׂרָאֵל: וַאֲנִי בְּרֹב חַסְדְּךָ אָבוֹא בֵיתֶךָ אֶשְׁתַּחֲוֶה אֶל הֵיכַל קָדְשְׁךָ בְּיִרְאָתֶךָ: יְיָ אָהַבְתִּי מְעוֹן בֵּיתֶךָ וּמְקוֹם מִשְׁכַּן כְּבוֹדֶךָ: וַאֲנִי אֶשְׁתַּחֲוֶה וְאֶכְרָעָה אֶבְרְכָה לִפְנֵי יְיָ עֹשִׂי: וַאֲנִי תְפִלָּתִי לְךָ יְיָ עֵת רָצוֹן אֱלֹהִים בְּרָב חַסְדֶּךָ עֲנֵנִי בֶּאֱמֶת יִשְׁעֶךָ:

אֲדוֹן עוֹלָם אֲשֶׁר מָלַךְ. בְּטֶרֶם כָּל יְצִיר נִבְרָא: לְעֵת נַעֲשָׂה בְחֶפְצוֹ כֹּל. אֲזַי מֶלֶךְ שְׁמוֹ נִקְרָא: וְאַחֲרֵי כִּכְלוֹת הַכֹּל. לְבַדּוֹ יִמְלֹךְ נוֹרָא: וְהוּא הָיָה וְהוּא הֹוֶה. וְהוּא יִהְיֶה בְּתִפְאָרָה: וְהוּא אֶחָד וְאֵין שֵׁנִי. לְהַמְשִׁיל לוֹ לְהַחְבִּירָה: בְּלִי רֵאשִׁית בְּלִי תַכְלִית. וְלוֹ הָעֹז וְהַמִּשְׂרָה: וְהוּא אֵלִי וְחַי גּוֹאֲלִי. וְצוּר חֶבְלִי בְּעֵת צָרָה: וְהוּא נִסִּי וּמָנוֹס לִי. מְנָת כּוֹסִי בְּיוֹם אֶקְרָא: בְּיָדוֹ אַפְקִיד רוּחִי. בְּעֵת אִישַׁן וְאָעִירָה: וְעִם רוּחִי גְּוִיָּתִי יְיָ לִי וְלֹא אִירָא:

בָּרוּךְ אַתָּה יְיָ אֱלֹהֵינוּ מֶלֶךְ הָעוֹלָם אֲשֶׁר קִדְּשָׁנוּ בְּמִצְוֹתָיו וְצִוָּנוּ עַל נְטִילַת יָדָיִם:

בָּרוּךְ אַתָּה יְיָ אֱלֹהֵינוּ מֶלֶךְ הָעוֹלָם אֲשֶׁר יָצַר אֶת הָאָדָם בְּחָכְמָה וּבָרָא בוֹ נְקָבִים נְקָבִים חֲלוּלִים חֲלוּלִים. גָּלוּי וְיָדוּעַ לִפְנֵי כִסֵּא כְבוֹדֶךָ שֶׁאִם יִפָּתֵחַ אֶחָד מֵהֶם אוֹ יִסָּתֵם אֶחָד מֵהֶם אִי אֶפְשַׁר לְהִתְקַיֵּם וְלַעֲמֹד לְפָנֶיךָ אֲפִלּוּ שָׁעָה אֶחָת: בָּרוּךְ אַתָּה יְיָ רוֹפֵא כָל בָּשָׂר וּמַפְלִיא לַעֲשׂוֹת:

אֱלֹהַי נְשָׁמָה שֶׁנָּתַתָּ בִּי טְהוֹרָה הִיא. אַתָּה בְרָאתָהּ אַתָּה יְצַרְתָּהּ אַתָּה נְפַחְתָּהּ בִּי וְאַתָּה מְשַׁמְּרָהּ בְּקִרְבִּי וְאַתָּה עָתִיד לִטְּלָהּ מִמֶּנִּי וּלְהַחֲזִירָהּ בִּי לֶעָתִיד לָבוֹא. כָּל זְמַן שֶׁהַנְּשָׁמָה בְקִרְבִּי מוֹדֶה אֲנִי לְפָנֶיךָ יְיָ אֱלֹהַי וֵאלֹהֵי אֲבוֹתַי רִבּוֹן כָּל הַמַּעֲשִׂים אֲדוֹן כָּל הַנְּשָׁמוֹת: בָּרוּךְ אַתָּה יְיָ הַמַּחֲזִיר נְשָׁמוֹת לִפְגָרִים מֵתִים.

בָּרוּךְ אַתָּה יְיָ אֱלֹהֵינוּ מֶלֶךְ הָעוֹלָם אֲשֶׁר קִדְּשָׁנוּ בְּמִצְוֹתָיו וְצִוָּנוּ לַעֲסֹק בְּדִבְרֵי תוֹרָה:

וְהַעֲרֶב נָא יְיָ אֱלֹהֵינוּ אֶת דִּבְרֵי תוֹרָתְךָ בְּפִינוּ וּבְפִיּוֹת

(וּבְפִי כָל) עַמְּךָ בֵּית יִשְׂרָאֵל וְנִהְיֶה אֲנַחְנוּ וְצֶאֱצָאֵינוּ (וְצֶאֱצָאֵי צֶאֱצָאֵינוּ) וְצֶאֱצָאֵי עַמְּךָ בֵּית יִשְׂרָאֵל כֻּלָּנוּ יוֹדְעֵי שְׁמֶךָ וְלוֹמְדֵי תוֹרָתְךָ לִשְׁמָהּ: בָּרוּךְ אַתָּה יְיָ הַמְלַמֵּד תּוֹרָה לְעַמּוֹ יִשְׂרָאֵל:

בָּרוּךְ אַתָּה יְיָ אֱלֹהֵינוּ מֶלֶךְ הָעוֹלָם אֲשֶׁר בָּחַר בָּנוּ מִכָּל הָעַמִּים וְנָתַן לָנוּ אֶת תּוֹרָתוֹ: בָּרוּךְ אַתָּה יְיָ נוֹתֵן הַתּוֹרָה:

וַיְדַבֵּר יְיָ אֶל מֹשֶׁה לֵּאמֹר: דַּבֵּר אֶל אַהֲרֹן וְאֶל בָּנָיו לֵאמֹר כֹּה תְבָרְכוּ אֶת בְּנֵי יִשְׂרָאֵל אָמוֹר לָהֶם:

יְבָרֶכְךָ יְיָ וְיִשְׁמְרֶךָ: יָאֵר יְיָ פָּנָיו אֵלֶיךָ וִיחֻנֶּךָּ: יִשָּׂא יְיָ פָּנָיו אֵלֶיךָ וְיָשֵׂם לְךָ שָׁלוֹם:

וְשָׂמוּ אֶת שְׁמִי עַל בְּנֵי יִשְׂרָאֵל וַאֲנִי אֲבָרְכֵם:

אֵלּוּ דְבָרִים שֶׁאֵין לָהֶם שִׁעוּר, הַפֵּאָה וְהַבִּכּוּרִים וְהָרֵאָיוֹן וּגְמִילוּת חֲסָדִים וְתַלְמוּד תּוֹרָה: אֵלּוּ דְבָרִים שֶׁאָדָם אוֹכֵל פֵּרוֹתֵיהֶם בָּעוֹלָם הַזֶּה וְהַקֶּרֶן קַיֶּמֶת לוֹ לָעוֹלָם הַבָּא וְאֵלּוּ הֵן. כִּבּוּד אָב וָאֵם וּגְמִילוּת חֲסָדִים וְהַשְׁכָּמַת בֵּית הַמִּדְרָשׁ שַׁחֲרִית וְעַרְבִית וְהַכְנָסַת אוֹרְחִים וּבִקּוּר חוֹלִים וְהַכְנָסַת

כַּלָּה וּלְוָיַת הַמֵּת וְעִיּוּן תְּפִלָּה וַהֲבָאַת שָׁלוֹם בֵּין אָדָם לַחֲבֵרוֹ וּבֵין אִישׁ לְאִשְׁתּוֹ וְתַלְמוּד תּוֹרָה כְּנֶגֶד כֻּלָּם.

בָּרוּךְ אַתָּה יְיָ אֱלֹהֵינוּ מֶלֶךְ הָעוֹלָם הַנּוֹתֵן לַשֶּׂכְוִי בִינָה לְהַבְחִין בֵּין יוֹם וּבֵין לָיְלָה:

בָּרוּךְ אַתָּה יְיָ אֱלֹהֵינוּ מֶלֶךְ הָעוֹלָם שֶׁלֹּא עָשַׂנִי גּוֹי:

בָּרוּךְ אַתָּה יְיָ אֱלֹהֵינוּ מֶלֶךְ הָעוֹלָם שֶׁלֹּא עָשַׂנִי עָבֶד:

בָּרוּךְ אַתָּה יְיָ אֱלֹהֵינוּ מֶלֶךְ הָעוֹלָם שֶׁלֹּא עָשַׂנִי אִשָּׁה:

נשים מברכות:

בָּרוּךְ אַתָּה יְיָ אֱלֹהֵינוּ מֶלֶךְ הָעוֹלָם שֶׁעָשַׂנִי כִּרְצוֹנוֹ:

בָּרוּךְ אַתָּה יְיָ אֱלֹהֵינוּ מֶלֶךְ הָעוֹלָם פּוֹקֵחַ עִוְרִים:

בָּרוּךְ אַתָּה יְיָ אֱלֹהֵינוּ מֶלֶךְ הָעוֹלָם מַלְבִּישׁ עֲרֻמִּים:

בָּרוּךְ אַתָּה יְיָ אֱלֹהֵינוּ מֶלֶךְ הָעוֹלָם
מַתִּיר אֲסוּרִים:
בָּרוּךְ אַתָּה יְיָ אֱלֹהֵינוּ מֶלֶךְ הָעוֹלָם
זוֹקֵף כְּפוּפִים:
בָּרוּךְ אַתָּה יְיָ אֱלֹהֵינוּ מֶלֶךְ הָעוֹלָם
רוֹקַע הָאָרֶץ עַל הַמָּיִם:
בָּרוּךְ אַתָּה יְיָ אֱלֹהֵינוּ מֶלֶךְ הָעוֹלָם
אֲשֶׁר הֵכִין מִצְעֲדֵי גָבֶר:
בָּרוּךְ אַתָּה יְיָ אֱלֹהֵינוּ מֶלֶךְ הָעוֹלָם
שֶׁעָשָׂה לִּי כָּל צָרְכִּי:
בָּרוּךְ אַתָּה יְיָ אֱלֹהֵינוּ מֶלֶךְ הָעוֹלָם
אוֹזֵר יִשְׂרָאֵל בִּגְבוּרָה:
בָּרוּךְ אַתָּה יְיָ אֱלֹהֵינוּ מֶלֶךְ הָעוֹלָם
עוֹטֵר יִשְׂרָאֵל בְּתִפְאָרָה:
בָּרוּךְ אַתָּה יְיָ אֱלֹהֵינוּ מֶלֶךְ הָעוֹלָם
הַנּוֹתֵן לַיָּעֵף כֹּחַ:

בָּרוּךְ אַתָּה יְיָ אֱלֹהֵינוּ מֶלֶךְ הָעוֹלָם הַמַּעֲבִיר שֵׁנָה מֵעֵינָי וּתְנוּמָה מֵעַפְעַפָּי:

וִיהִי רָצוֹן מִלְּפָנֶיךָ יְיָ אֱלֹהֵינוּ וֵאלֹהֵי אֲבוֹתֵינוּ שֶׁתַּרְגִּילֵנוּ בְּתוֹרָתֶךָ וְדַבְּקֵנוּ בְּמִצְוֹתֶיךָ וְאַל תְּבִיאֵנוּ לֹא לִידֵי חֵטְא וְלֹא לִידֵי עֲבֵרָה וְעָוֹן וְלֹא לִידֵי נִסָּיוֹן וְלֹא לִידֵי בִזָּיוֹן וְאַל יִשְׁלֹט בָּנוּ יֵצֶר הָרָע וְהַרְחִיקֵנוּ מֵאָדָם רָע וּמֵחָבֵר רָע וְדַבְּקֵנוּ בְּיֵצֶר טוֹב וּבְמַעֲשִׂים טוֹבִים וְכֹף אֶת יִצְרֵנוּ לְהִשְׁתַּעְבֶּד לָךְ וּתְנֵנוּ הַיּוֹם וּבְכָל יוֹם לְחֵן וּלְחֶסֶד וּלְרַחֲמִים בְּעֵינֶיךָ וּבְעֵינֵי כָל רוֹאֵינוּ וְתִגְמְלֵנוּ חֲסָדִים טוֹבִים: בָּרוּךְ אַתָּה יְיָ הַגּוֹמֵל חֲסָדִים טוֹבִים לְעַמּוֹ יִשְׂרָאֵל:

מִזְמוֹר שִׁיר חֲנֻכַּת הַבַּיִת לְדָוִד: אֲרוֹמִמְךָ יְיָ כִּי דִלִּיתָנִי וְלֹא שִׂמַּחְתָּ אֹיְבַי לִי: יְיָ אֱלֹהָי שִׁוַּעְתִּי אֵלֶיךָ וַתִּרְפָּאֵנִי: יְיָ הֶעֱלִיתָ מִן שְׁאוֹל נַפְשִׁי חִיִּיתַנִי מִיָּרְדִי בוֹר: זַמְּרוּ לַיְיָ חֲסִידָיו וְהוֹדוּ לְזֵכֶר קָדְשׁוֹ: כִּי רֶגַע בְּאַפּוֹ חַיִּים בִּרְצוֹנוֹ בָּעֶרֶב יָלִין בֶּכִי וְלַבֹּקֶר רִנָּה: וַאֲנִי אָמַרְתִּי בְשַׁלְוִי בַּל אֶמּוֹט לְעוֹלָם: יְיָ בִּרְצוֹנְךָ הֶעֱמַדְתָּה לְהַרְרִי עֹז הִסְתַּרְתָּ פָנֶיךָ הָיִיתִי נִבְהָל: אֵלֶיךָ יְיָ אֶקְרָא וְאֶל אֲדֹנָי אֶתְחַנָּן: מַה בֶּצַע בְּדָמִי בְּרִדְתִּי אֶל שָׁחַת הֲיוֹדְךָ עָפָר הֲיַגִּיד אֲמִתֶּךָ: שְׁמַע יְיָ וְחָנֵּנִי יְיָ הֱיֵה עֹזֵר לִי: הָפַכְתָּ מִסְפְּדִי לְמָחוֹל לִי פִּתַּחְתָּ שַׂקִּי וַתְּאַזְּרֵנִי שִׂמְחָה: לְמַעַן יְזַמֶּרְךָ כָבוֹד וְלֹא יִדֹּם יְיָ אֱלֹהַי לְעוֹלָם אוֹדֶךָּ:

בָּרוּךְ שֶׁאָמַר וְהָיָה הָעוֹלָם בָּרוּךְ הוּא. בָּרוּךְ אוֹמֵר וְעוֹשֶׂה. בָּרוּךְ גּוֹזֵר וּמְקַיֵּם. בָּרוּךְ עוֹשֶׂה בְרֵאשִׁית. בָּרוּךְ מְרַחֵם עַל הָאָרֶץ. בָּרוּךְ מְרַחֵם עַל הַבְּרִיּוֹת. בָּרוּךְ מְשַׁלֵּם שָׂכָר טוֹב לִירֵאָיו. בָּרוּךְ חַי לָעַד וְקַיָּם לָנֶצַח. בָּרוּךְ פּוֹדֶה וּמַצִּיל בָּרוּךְ שְׁמוֹ: בָּרוּךְ אַתָּה יְיָ אֱלֹהֵינוּ מֶלֶךְ הָעוֹלָם הָאֵל אָב הָרַחֲמָן הַמְהֻלָּל בְּפֶה עַמּוֹ מְשֻׁבָּח וּמְפֹאָר בִּלְשׁוֹן חֲסִידָיו וַעֲבָדָיו. וּבְשִׁירֵי דָוִד עַבְדֶּךָ נְהַלֶּלְךָ יְיָ אֱלֹהֵינוּ בִּשְׁבָחוֹת וּבִזְמִירוֹת וּנְגַדֶּלְךָ וּנְשַׁבֵּחֲךָ וּנְפָאֶרְךָ וְנַמְלִיכְךָ וְנַזְכִּיר שִׁמְךָ מַלְכֵּנוּ אֱלֹהֵינוּ יָחִיד חֵי הָעוֹלָמִים מֶלֶךְ מְשֻׁבָּח וּמְפֹאָר עֲדֵי עַד שְׁמוֹ הַגָּדוֹל: בָּרוּךְ אַתָּה יְיָ מֶלֶךְ מְהֻלָּל בַּתִּשְׁבָּחוֹת:

אַשְׁרֵי יוֹשְׁבֵי בֵיתֶךָ עוֹד יְהַלְלוּךָ סֶּלָה: אַשְׁרֵי הָעָם שֶׁכָּכָה לּוֹ אַשְׁרֵי הָעָם שֶׁיְיָ אֱלֹהָיו: תְּהִלָּה לְדָוִד אֲרוֹמִמְךָ אֱלוֹהַי הַמֶּלֶךְ וַאֲבָרְכָה שִׁמְךָ לְעוֹלָם וָעֶד: בְּכָל יוֹם אֲבָרְכֶךָּ וַאֲהַלְלָה שִׁמְךָ לְעוֹלָם וָעֶד: גָּדוֹל יְיָ וּמְהֻלָּל מְאֹד וְלִגְדֻלָּתוֹ אֵין חֵקֶר: דּוֹר לְדוֹר יְשַׁבַּח מַעֲשֶׂיךָ וּגְבוּרֹתֶיךָ יַגִּידוּ: הֲדַר כְּבוֹד הוֹדֶךָ וְדִבְרֵי נִפְלְאוֹתֶיךָ אָשִׂיחָה: וֶעֱזוּז נוֹרְאֹתֶיךָ יֹאמֵרוּ וּגְדֻלָּתְךָ אֲסַפְּרֶנָּה: זֵכֶר רַב טוּבְךָ יַבִּיעוּ וְצִדְקָתְךָ יְרַנֵּנוּ: חַנּוּן וְרַחוּם יְיָ אֶרֶךְ אַפַּיִם וּגְדָל חָסֶד: טוֹב יְיָ לַכֹּל

וְרַחֲמָיו עַל כָּל מַעֲשָׂיו: יוֹדוּךָ יְיָ כָּל מַעֲשֶׂיךָ וַחֲסִידֶיךָ
יְבָרְכוּכָה: כְּבוֹד מַלְכוּתְךָ יֹאמֵרוּ וּגְבוּרָתְךָ יְדַבֵּרוּ: לְהוֹדִיעַ
לִבְנֵי הָאָדָם גְּבוּרֹתָיו וּכְבוֹד הֲדַר מַלְכוּתוֹ: מַלְכוּתְךָ
מַלְכוּת כָּל עֹלָמִים וּמֶמְשַׁלְתְּךָ בְּכָל דּוֹר וָדֹר: סוֹמֵךְ יְיָ
לְכָל הַנֹּפְלִים וְזוֹקֵף לְכָל הַכְּפוּפִים: עֵינֵי כֹל אֵלֶיךָ יְשַׂבֵּרוּ
וְאַתָּה נוֹתֵן לָהֶם אֶת אָכְלָם בְּעִתּוֹ: פּוֹתֵחַ אֶת יָדֶךָ
וּמַשְׂבִּיעַ לְכָל חַי רָצוֹן: צַדִּיק יְיָ בְּכָל דְּרָכָיו וְחָסִיד בְּכָל
מַעֲשָׂיו: קָרוֹב יְיָ לְכָל קֹרְאָיו לְכֹל אֲשֶׁר יִקְרָאֻהוּ בֶאֱמֶת:
רְצוֹן יְרֵאָיו יַעֲשֶׂה וְאֶת שַׁוְעָתָם יִשְׁמַע וְיוֹשִׁיעֵם: שׁוֹמֵר יְיָ
אֶת כָּל אֹהֲבָיו וְאֵת כָּל הָרְשָׁעִים יַשְׁמִיד: תְּהִלַּת יְיָ יְדַבֶּר
פִּי וִיבָרֵךְ כָּל בָּשָׂר שֵׁם קָדְשׁוֹ לְעוֹלָם וָעֶד: וַאֲנַחְנוּ נְבָרֵךְ
יָהּ מֵעַתָּה וְעַד עוֹלָם הַלְלוּיָהּ:

יִשְׁתַּבַּח שִׁמְךָ לָעַד מַלְכֵּנוּ הָאֵל הַמֶּלֶךְ הַגָּדוֹל
וְהַקָּדוֹשׁ בַּשָּׁמַיִם וּבָאָרֶץ. כִּי לְךָ נָאֶה יְיָ אֱלֹהֵינוּ
וֵאלֹהֵי אֲבוֹתֵינוּ שִׁיר וּשְׁבָחָה הַלֵּל וְזִמְרָה עֹז
וּמֶמְשָׁלָה נֶצַח גְּדֻלָּה וּגְבוּרָה תְּהִלָּה וְתִפְאֶרֶת
קְדֻשָּׁה וּמַלְכוּת: בְּרָכוֹת וְהוֹדָאוֹת לְשִׁמְךָ הַגָּדוֹל
וְהַקָּדוֹשׁ וּמֵעוֹלָם וְעַד עוֹלָם אַתָּה אֵל: בָּרוּךְ
אַתָּה יְיָ אֵל מֶלֶךְ גָּדוֹל וּמְהֻלָּל בַּתִּשְׁבָּחוֹת אֵל

הַהוֹדָאוֹת אֲדוֹן הַנִּפְלָאוֹת בּוֹרֵא כָּל הַנְּשָׁמוֹת רִבּוֹן כָּל הַמַּעֲשִׂים הַבּוֹחֵר בְּשִׁירֵי זִמְרָה מֶלֶךְ יָחִיד אֵל חֵי הָעוֹלָמִים:

אֵל מֶלֶךְ נֶאֱמָן:

שְׁמַע יִשְׂרָאֵל יְיָ אֱלֹהֵינוּ יְיָ אֶחָד:

בָּרוּךְ שֵׁם כְּבוֹד מַלְכוּתוֹ לְעוֹלָם וָעֶד:

וְאָהַבְתָּ אֵת יְיָ אֱלֹהֶיךָ בְּכָל לְבָבְךָ וּבְכָל נַפְשְׁךָ וּבְכָל מְאֹדֶךָ: וְהָיוּ הַדְּבָרִים הָאֵלֶּה אֲשֶׁר אָנֹכִי מְצַוְּךָ הַיּוֹם עַל לְבָבֶךָ: וְשִׁנַּנְתָּם לְבָנֶיךָ וְדִבַּרְתָּ בָּם בְּשִׁבְתְּךָ בְּבֵיתֶךָ וּבְלֶכְתְּךָ בַדֶּרֶךְ וּבְשָׁכְבְּךָ וּבְקוּמֶךָ: וּקְשַׁרְתָּם לְאוֹת עַל יָדֶךָ וְהָיוּ לְטֹטָפֹת בֵּין עֵינֶיךָ: וּכְתַבְתָּם עַל מְזֻזוֹת בֵּיתֶךָ וּבִשְׁעָרֶיךָ:

וְהָיָה אִם שָׁמֹעַ תִּשְׁמְעוּ אֶל מִצְוֹתַי, אֲשֶׁר אָנֹכִי מְצַוֶּה אֶתְכֶם הַיּוֹם, לְאַהֲבָה אֶת יְיָ אֱלֹהֵיכֶם, וּלְעָבְדוֹ בְּכָל לְבַבְכֶם וּבְכָל נַפְשְׁכֶם: וְנָתַתִּי מְטַר אַרְצְכֶם בְּעִתּוֹ יוֹרֶה וּמַלְקוֹשׁ, וְאָסַפְתָּ דְגָנֶךָ וְתִירֹשְׁךָ וְיִצְהָרֶךָ: וְנָתַתִּי עֵשֶׂב בְּשָׂדְךָ לִבְהֶמְתֶּךָ וְאָכַלְתָּ וְשָׂבָעְתָּ: הִשָּׁמְרוּ לָכֶם פֶּן יִפְתֶּה לְבַבְכֶם, וְסַרְתֶּם וַעֲבַדְתֶּם אֱלֹהִים אֲחֵרִים וְהִשְׁתַּחֲוִיתֶם לָהֶם: וְחָרָה אַף יְיָ בָּכֶם וְעָצַר אֶת הַשָּׁמַיִם וְלֹא יִהְיֶה מָטָר וְהָאֲדָמָה לֹא תִתֵּן אֶת יְבוּלָהּ, וַאֲבַדְתֶּם מְהֵרָה מֵעַל הָאָרֶץ הַטֹּבָה אֲשֶׁר יְיָ נֹתֵן לָכֶם: וְשַׂמְתֶּם אֶת דְּבָרַי אֵלֶּה עַל לְבַבְכֶם וְעַל

נַפְשְׁכֶם, וּקְשַׁרְתֶּם אֹתָם לְאוֹת עַל יֶדְכֶם וְהָיוּ לְטוֹטָפֹת בֵּין עֵינֵיכֶם:
וְלִמַּדְתֶּם אֹתָם אֶת בְּנֵיכֶם לְדַבֵּר בָּם, בְּשִׁבְתְּךָ בְּבֵיתֶךָ וּבְלֶכְתְּךָ
בַדֶּרֶךְ וּבְשָׁכְבְּךָ וּבְקוּמֶךָ: וּכְתַבְתָּם עַל מְזוּזוֹת בֵּיתֶךָ וּבִשְׁעָרֶיךָ:

לְמַעַן יִרְבּוּ יְמֵיכֶם וִימֵי בְנֵיכֶם עַל הָאֲדָמָה, אֲשֶׁר נִשְׁבַּע יְיָ
לַאֲבֹתֵיכֶם לָתֵת לָהֶם, כִּימֵי הַשָּׁמַיִם עַל הָאָרֶץ:

וַיֹּאמֶר יְיָ אֶל מֹשֶׁה לֵּאמֹר: דַּבֵּר אֶל בְּנֵי יִשְׂרָאֵל
וְאָמַרְתָּ אֲלֵהֶם וְעָשׂוּ לָהֶם צִיצִת עַל כַּנְפֵי בִגְדֵיהֶם
לְדֹרֹתָם, וְנָתְנוּ עַל צִיצִת הַכָּנָף, פְּתִיל תְּכֵלֶת: וְהָיָה
לָכֶם לְצִיצִת, וּרְאִיתֶם אֹתוֹ וּזְכַרְתֶּם אֶת כָּל מִצְוֹת יְיָ
וַעֲשִׂיתֶם אֹתָם, וְלֹא תָתוּרוּ אַחֲרֵי לְבַבְכֶם וְאַחֲרֵי
עֵינֵיכֶם אֲשֶׁר אַתֶּם זֹנִים אַחֲרֵיהֶם: לְמַעַן תִּזְכְּרוּ
וַעֲשִׂיתֶם אֶת כָּל מִצְוֹתָי, וִהְיִיתֶם קְדֹשִׁים לֵאלֹהֵיכֶם:
אֲנִי יְיָ אֱלֹהֵיכֶם אֲשֶׁר הוֹצֵאתִי אֶתְכֶם מֵאֶרֶץ מִצְרַיִם
לִהְיוֹת לָכֶם לֵאלֹהִים, אֲנִי יְיָ אֱלֹהֵיכֶם: אֱמֶת.

בָּרוּךְ אַתָּה יְיָ, אֱלֹהֵינוּ מֶלֶךְ הָעוֹלָם, הַזָּן אֶת הָעוֹלָם כֻּלּוֹ,
בְּטוּבוֹ בְּחֵן בְּחֶסֶד וּבְרַחֲמִים. הוּא נוֹתֵן לֶחֶם לְכָל בָּשָׂר, כִּי
לְעוֹלָם חַסְדּוֹ. וּבְטוּבוֹ הַגָּדוֹל, תָּמִיד לֹא חָסַר לָנוּ, וְאַל
יֶחְסַר לָנוּ מָזוֹן לְעוֹלָם וָעֶד, בַּעֲבוּר שְׁמוֹ הַגָּדוֹל, כִּי הוּא אֵל
זָן וּמְפַרְנֵס לַכֹּל, וּמֵטִיב לַכֹּל, וּמֵכִין מָזוֹן לְכָל בְּרִיּוֹתָיו אֲשֶׁר
בָּרָא. כָּאָמוּר, פּוֹתֵחַ אֶת יָדֶךָ, וּמַשְׂבִּיעַ לְכָל חַי רָצוֹן: בָּרוּךְ
אַתָּה יְיָ, הַזָּן אֶת הַכֹּל.

בָּרוּךְ אַתָּה יהוה אֱלֹהֵינוּ מֶלֶךְ הָעוֹלָם, עַל הַמִּחְיָה וְעַל הַכַּלְכָּלָה וְעַל תְּנוּבַת הַשָּׂדֶה, וְעַל אֶרֶץ חֶמְדָּה טוֹבָה וּרְחָבָה, שֶׁרָצִיתָ וְהִנְחַלְתָּ לַאֲבוֹתֵינוּ, לֶאֱכוֹל מִפִּרְיָהּ וְלִשְׂבּוֹעַ מִטּוּבָהּ. רַחֵם נָא יהוה אֱלֹהֵינוּ עַל יִשְׂרָאֵל עַמֶּךָ, וְעַל יְרוּשָׁלַיִם עִירֶךָ, וְעַל צִיּוֹן מִשְׁכַּן כְּבוֹדֶךָ, וְעַל מִזְבְּחֶךָ וְעַל הֵיכָלֶךָ. וּבְנֵה יְרוּשָׁלַיִם עִיר הַקֹּדֶשׁ בִּמְהֵרָה בְיָמֵינוּ, וְהַעֲלֵנוּ לְתוֹכָהּ וְשַׂמְּחֵנוּ בְּבִנְיָנָהּ, וְנֹאכַל מִפִּרְיָהּ וְנִשְׂבַּע מִטּוּבָהּ, וּנְבָרֶכְךָ עָלֶיהָ בִּקְדֻשָּׁה וּבְטָהֳרָה: כִּי אַתָּה יהוה טוֹב וּמֵטִיב לַכֹּל, וְנוֹדֶה לְּךָ עַל הָאָרֶץ וְעַל הַמִּחְיָה. בָּרוּךְ אַתָּה יהוה, עַל הָאָרֶץ וְעַל הַמִּחְיָה:

בָּרוּךְ אַתָּה יהוה אֱלֹהֵינוּ מֶלֶךְ הָעוֹלָם, בּוֹרֵא נְפָשׁוֹת רַבּוֹת וְחֶסְרוֹנָן, עַל כָּל מַה שֶּׁבָּרָאתָ לְהַחֲיוֹת בָּהֶם נֶפֶשׁ כָּל חָי. בָּרוּךְ חֵי הָעוֹלָמִים:

ברכת תודה

אוקיר אנוש מפז ה"ה אהובי וידידי

הרב בנימין קנאבלאך נ"י

אשר היה לי לעזר וסעד

ישלם ה' פעלו ותהי משכורתו שלמה

לעלוי נשמות

הרה"ח מו"ה שלמה ב"ר בנימין קנאבלאך ז"ל

נפ' ר"ח סיון תשנ"ה לפ"ק

ואשתו החשובה מעכא ב"ר יהושע העשל ז"ל

נפ' ר"ח א' כסלו תשנ"ז לפ"ק

הרה"ח מו"ה פנחס ב"ר ירמיה גאלדשטיין ז"ל

נפ' כ"ט אלול ערב ר"ה תשל"ב לפ"ק

ואשתו החשובה רחל גאלדא ב"ר אברהם יהודה ז"ל

נפ' י"ט אלול תשס"ה לפ"ק

תנצב"ה